在宅介護応援ブック

介護Library

認知症ケアQ&A

三好春樹

編集協力　東田 勉

講談社

認知症ケアQ&A

はじめに

「認知症」が語られない日はない、そんな時代になりました。テレビや新聞、雑誌が毎日のように認知症を取り上げ、認知症についての講演会やシンポジウムが全国各地で開かれています。

認知症が多くの人に知られ、他人事としてではなく関心を持たれるようになるのは間違いなくよいことです。しかし私は、その知られ方、関心の持たれ方の中身について、多少の、いやかなりの疑問や違和感を持っています。

それは、多くの人が認知症をあまりにも単純に考えていることです。「認知症は脳の病気である」というのもそうです。有力な説ですが仮説にすぎません。なにしろ、脳に作用するという〝新薬〟がいくつも出現しましたが、結果はどうでしょう。仮説が正しいのなら、それにもとづいてつくられた薬によって、認知症老人は減少していてもよさそうですが、ご存じのとおり、逆に増えるばかりです。

仮説とも言えない俗説もたくさん出現しています。「カレーを食べると認知症にならない」とか「赤ワインを飲むといい」といったものです。「じゃ、インドとフランスには認知症はないのか」と突っ込みの一つも入れたくなるではありませんか。

人々は、特別な薬や特別な食品によって認知症が解決するのだと思いたがっているのでしょう。そう思いたがるのには理由があります。近代科学はそうして多くの病気を治してきたからです。かつて、ペストやコレラは、悪霊がついているとか、天罰だと考えられてきました。しかし、近代科学は原因となる菌を見つけ出し、特効薬を開発して問題を解決してきました。だから、認知症もそうした原因さえわかれば解決するはずだと思われているのです。

でも、こうした方法には限界がありました。かつてヒステリーは、女性の症状だから女性にしかない臓器に原因があるはずだと考えられて、子宮が調べられました。統合失調症も脳の問題だとされて、脳の手術が行われました。

ヒステリーは、今では心因性《しんいんせい》であることは常識ですし、統合失調症も脳に原因があるとする説は後退し、精神世界そのものの問題であると考えられています。

18〜65歳未満で発症する若年《じゃくねん》認知症は、遺伝子の影響が大きい脳の病気だと思われます。だから、治療法がやはり遺伝子レベルで開発されるかもしれません。しかし、高齢になってからの認知症は、脳ではなくて、脳がつくりあげている精神世界や心理という人間的領域の影響が大きいと考えるべきではないでしょうか。

もちろん、それも仮説です。いずれにしても、私たちは認知症についてはほとんどわかっていない、そこから出発すべきだと思います。

わかっていなくても、介護の現場は認知症に関わらざるをえません。仮説を立てて関わってみて、うまくいけばそれをくり返す、うまくいかなければ別の仮説を立てる、そんなやり方です。そうやって現場の介護家族や介護職が試行錯誤してきた方法を、ぜひみんなで共有したい、そう思ってきました。

そんな中、「在宅介護応援ブック」というシリーズが始まることになり、その1冊めを『認知症ケアQ&A』として出版することになりました。

介護家族が困っていること、聞いてみたいことを、43の「Q」にまとめ、それに対して、私たちが試みてきた方法を「A」として紹介しました。

いずれも、魔法のような方法ではありませんし、認知症の症状も、介護環境も介護者もみんな違うという個別的状況に、どこまで妥当性があるのか自信はないのですが、〝いま、ここ〟の私たちの手持ちの方法を提案したつもりです。

本書の第2章以降は、『完全図解 新しい認知症ケア 介護編』（講談社・2012年）を、一般の読者向けにアレンジして、Q&Aという形にまとめたものです。

もし本書をきっかけに、もっと認知症介護について知りたいと思われた方は、そちらの本もぜひ読んでいただきたいものです。さらに広くて多角的な視点から認知症を理解できると思います。

第1章は、全面的な書きおろしです。介護家族が抱えておられる特有の問題について取り上げました。貴重なアドバイスをいただいたのは、兵庫県西宮市の丸尾多重子さんです。丸尾さんは、家族の介護の体験を経て、介護家族が集まる「つどい場さくらちゃん」を始めた注目の人です。ぜひ、『まじくる介護 つどい場さくらちゃん』（雲母書房・2011年）をご一読ください。本の紹介を丸尾さんへの感謝の意に代えたいと思います。

三好春樹

『認知症ケアQ&A』目次

第2章 生活習慣への対応

第5章 その他困った行動への対応

アドバイザー／丸尾多重子
本文DTP／長橋誓子

第1章 介護者の心の保ち方

Q1

周りに介護をしている人がいなくて孤独を感じます。

私の母は脳梗塞《のうこうそく》のため60歳で左半身マヒになりました。最近は認知症も進んでしまい、未婚で一人っ子の私は介護漬けの毎日です。

しかし周りの友達で介護をしている人がいません。介護の経験がない友人に介護の話をしたら共感してもらえないどころか、「意外とキツイことを言う人だ」と陰口を言われてしまい、余計に傷つく始末です。最近では介護中の私に気を使ってか、友達からランチに誘われることもなくなりました。

この孤独感はどうしたらいいのでしょうか。

A

まだお若いのに、突然介護生活が始まってしまったのですね。あと数年もすれば古くからのお友達にも介護が始まる人が出ると思いますが、今現在は周りに介護しているお友達がいないということで、本当に寂しいことと思います。

そもそも在宅介護をしている人は、自分が思っている以上に追いつめられているものです。介護というのは練習期間もなく、突然始まります。始まってしまったら止めることもできずに、無我夢中で24時間ずっと被介護者を気にかける生活になるので、目に見えない疲労が蓄積するのです。

介護者の中には「普通だったら物はカラーで見えるのに、白黒でしか見えない」と言った人がいます。外から見ると普通に生活しているように見えても、介護者というのはそれほどまでに追いつめられて、神経が疲れているのです。

しかし、残念なことに**この苦しさは経験してみないとなかなか理解してもらえません。**

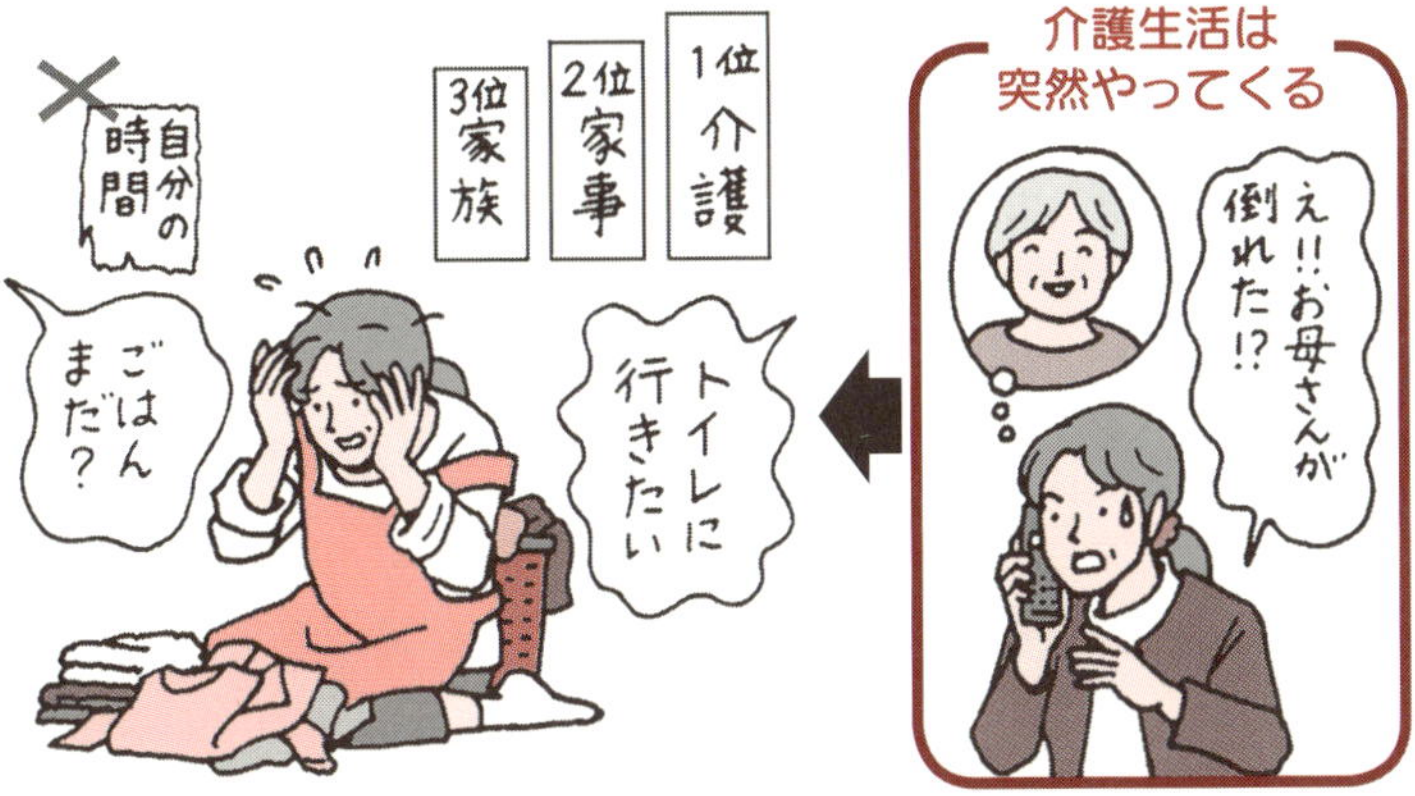

相談者が経験したように、介護経験のない人に愚痴《ぐち》を言うと、共感してもらうどころか誤解を受けたり、幻滅《げんめつ》されたり、諭《さと》されたり、「介護で忙しそうだから」と遠慮されて疎遠《そえん》になってしまうこともしばしばです。

一方で**介護のつらさは誰かに話して、それを受け止めてくれる人がいないと、どんどん心に溜《た》まってしまいます。**あまりに我慢《がまん》が続くのは危険です。介護者が精神を病んだり、病気になってしまっては介護どころではなくなります。元気に介護を続けていくためには、介護に理解のあるお友達と一緒にランチをしたり、介護家族会などを探して介護について語り合う場を確保することが理想です。

立場を気にせず話せる場が一つでもあると、

介護者はグッと楽になります。

近所にそういう場を求められない場合や、夜中に突然煮つまって孤独感に襲われた時などにおすすめなのが「電話」です。

代表的な電話相談に「よりそいホットライン」があります。これは24時間対応の無料通話で、どんな悩みに対してもじっくりと話を聞いてくれる相談窓口です。

一人で孤独感を抱えているなら、**思い切って電話相談を利用すると道が開けるかもしれません。**電話は声を出して自分の言葉で語りかけることができ、人と直接つながることができる非常に便利なツールです。利害関係のない相手に、思いの丈をぶつければスッキリすると思います。

●よりそいホットライン：0120-279-338

Q2

いつまで続くのかわからない介護生活に不安を感じます。

10歳年上の夫がアルツハイマー型認知症と診断されてから8年が経ちました。

私も年をとり、毎日の介護が身体的につらいのはもちろんですが、いちばん苦しいのは介護がいつまで続くのかわからないことです。一日24時間、365日を夫のために暮らしているような気がします。このままだと私の人生はどうなるのでしょうか。しかし私は、夫を放り出すこともできません。

介護だけで過ぎてゆく月日に焦《あせ》りと不安を感じるのですが、どうしたらいいのでしょうか。

A

すでに8年も介護を続けておられるということで、本当にお疲れ様です。介護をしていると、今の状態が永遠に続きそうに思ってしまいますよね。しかし実際には同じ状態が続かないのが介護です。

最初は徘徊《はいかい》で困っていた人も、いつしか歩けなくなって徘徊しなくなります。そして歩けなくなると今度はトイレ介助など、その都度《つど》新たな問題にぶつかるのが介護なのです。

つまり「いつまで続くのか」という疑問の答えは**「永遠には続かない」ということになります。**

そして被介護者が他界して、いざ終わってしまったらもうおいしいものも食べさせてあげられないし、こうしてあげたいと思ってももう何もしてあげられない。それが介護です。

もしかしたら相談者は「ご主人を見送ってから楽しもう」と考えておられるのかもしれませんが、この考え方は危険です。

いい介護をするほど
介護生活は長引きます
8年も過ぎたのなら
きっとそれは素晴らしい介護です
どうか誇りと自信を持ってください

介護者にそのつもりがなくても、これは被介護者に「自分さえいなければ、妻も人生を楽しめるのに」というメッセージに受けとられかねません。こういう誤解があると、介護者も、被介護者もそれぞれにしんどくなってしまい、追いつめられた介護に陥《おちい》りがちです。

介護者は、笑顔で介護を続けるためにも自分の時間を持つようにしましょう。意識的に趣味を見つけたり、お友達と旅行を楽しむなど、**「介護をしながら自分の人生も楽しもう」**という思考に切り替えられると理想的です。

とにかく介護とはしんどいものですが、「腰が痛い」などの肉体的なしんどさと、相談者のように「いつまで続くんだろう」という不安感による精神的なしんどさの両方があります。

◎対応法

時には介護者が休むためにショートステイを利用しましょう。
ケアマネジャーに相談し、本人と相性のいいところを選ぶことが大切です

この2つのしんどさは連動性があるので、不安が大きくなってきた時には「肉体的なしんどさ」を軽減するように心がけるといいでしょう。肉体的なしんどさが和《やわ》らぐと、気持ちも保てるようになります。

肉体的なしんどさを軽減するためには、**できるだけショートステイを利用することです。**もちろんデイサービスやデイケアも積極的に利用します。しかし、「夜中に何も気にせずに眠れる」「時間を気にせずに予定を入れられる」など、ショートステイの介護者におけるメリットは重大です。もしあまり利用していないなら、定期的に利用することをおすすめします。

介護者の心が病んでしまっては、在宅介護も立ち行かなくなってしまうのですから。

●食事、入浴などの生活サービスのほかに、デイサービスではレクリエーションを、デイケアではリハビリを行うという違いがあります

Q3

気分転換で外出をしたら責められて、落ちこんでしまいます。

結婚当初から同居をしてきた姑《しゅうとめ》が認知症になり、3年前から介護が始まりました。この3年間介護漬けの毎日でしたが、最近ようやく姑が週に1日だけデイサービスに行くことになったのです。

そこで実に3年ぶりにお友達とランチに出かけたところ、近所のおじいちゃんに「お義母《かあ》さんを放っておいて自分だけ遊びまわるとは、とんでもない嫁だ」と責められてしまいました。

介護者である私は息抜きすら許されないのかと思うと、とても悲しくてつらいです。

A

つらい思いをされましたね。残念なことではありますが、これも介護者の話を聞いていると時々耳にする問題です。

毎日のように介護を手伝ってくれている人が言うのかと思うとそうでもなく、実際はただ近所で見ているだけの人が文句や嫌味を言ったりするので困ります。手助けもせずに文句ばかり言う人というのは、「人の不幸は蜜の味」という人格の人たちです。そういう人たちは、介護者が疲れ切って目の下にクマをつくって必死に介護をしていると安心します。

× 無責任な人の言葉で追いつめられる

とんでもない嫁だ！
そんなふうに思われていたなんて!!
もっと介護を頑張らなきゃ!!
お義母さん!! トイレ行きますよ!!
早く！
ガミ
ガミ
うんざり

「人の不幸は蜜の味」という人の介護者のイメージ

逆に、介護をしている人が元気だったり綺麗だったりすると腹が立つのです。必要以上に「大変ね」「かわいそうに」などと同情をしてくる人の中にも、似たような心理が働いている場合があります。

こういう人が近くにいると非常に介護がやりにくくなりますが、**解決策は気にしないことです。**外野が何と言おうと、いい介護のためには介護者の気分転換は絶対に必要なことですし、介護者が追いつめられると被介護者はもっと追いつめられてしまいます。

「つらい、もうイヤだ、限界だ」と思いながら介護をしていると、被介護者はたとえ認知症であっても、**むしろ認知症だからこそ、そういう空気を感じとって不安定になるものです。**介護者が上手に気分転換をすると、また明日から頑張る活力が湧いてきます。

そして、活力を持って笑顔で被介護者に向き合えれば、被介護者も「介護されるほどに弱ってしまった自分」を責める気持ちが薄らぎ、不思議と安定するものです。

ご近所さんとは、これからも顔を合わせると思いますし、つらい気持ちはわかりますが、「こういう人間になってはいけない」という戒めととらえる程度にして、あまり気にしないようにしてください。

無責任な人とは心の中で境界線をひく

Q4

離れて暮らしている親戚がたまに来ては、私の介護に文句を言います。

一人暮らしだった姑が認知症になり、5年前に誰か引き取れる人はいないかと親戚中で話し合いました。しかし全員拒否したのでしかたなく二男である夫が引き取り、私が介護をしている毎日です。

その後はたまに夫の妹や、姑の妹がお見舞いに来ます。しかし、2人とも来るたびに「デイサービスに行かせるのはかわいそう」「もっと優しくしてあげて」「散歩に連れていっているの?」など、私の介護に口出しするのが非常に腹立たしいし、悔しいです。

A

これは介護を経験したことがある人なら、誰もが「わかる！」と共感する部分ではないでしょうか。日常的に介護を手伝ってくれていない親戚の中にかならずいるやっかいな人が、この「お金を出さないで口だけ出す親戚」といえます。

ろくに手伝いもしないで勝手なことばかり言われると言い返してやりたくもなりますが、こういうタイプの親戚には何を言ってもわかってもらえませんし、もっと関係が悪くなるだけなので**無視するのが最善の策です。**

余計な口出しをする親戚というのは、多くの場合、心の底に罪悪感を持っています。「本当は自分も、もっと介護をしたりお金を援助すべき」とわかっていても、それができていない自分自身に対してどこか自己嫌悪感があるのです。こういう人はその罪悪感を「仕方がない」「自分は悪くない」と置き換えて、さらに「自分はこんなに被介護者のことを心配し

ている心優しい人間だ」と無意識のうちにアピールしようとするあまり、人の介護に余計な口を出してしまいます。

つまり、文句を言う親戚というのは、**本来は自分の中で抱えている問題点を介護者になすりつけているだけなのです。**

でも、本人は「自分は被介護者を心配している正義の人だ」と思いこんでいますから、いかに失礼なことをしているかには決して気づきません。気づきたくないのです。

ですから、「そうだね。わかったよ」くらいに言って聞き流しましょう。真剣にとらえるだけ無駄です。日頃から介護に協力的でない人からの助言は、その人の自己満足でしかないと考えましょう。

どうしても理不尽な要求の場合は「それは○○だからできないんだよ」などと簡単に説明することも時には必要ですが、聞き流すのが基本です。

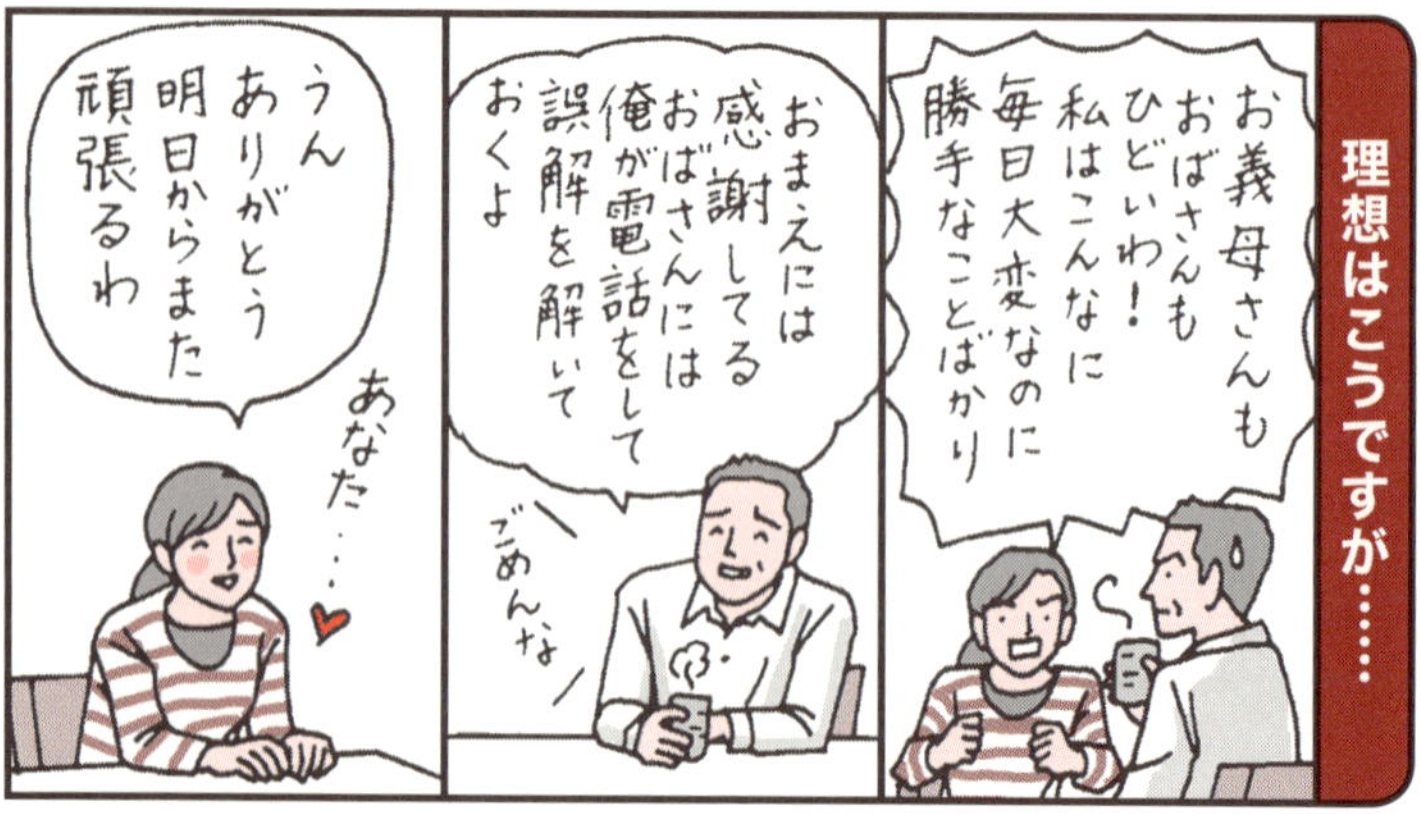

そして、**介護家族会のような場所に行って話してみると、きっとみんな共感してくれると思います。**こういう親戚は変わりませんから、どこかで誰かに話すことでストレスを発散させながら、上手に付き合っていくしかないでしょう。

そしてもし、読者の中に介護をしていない人がいらしたら、介護者には介護者だけが抱えるしんどさがあることを理解して、余計な口出しは慎むように心がけてください。**「介護者の日頃の努力を認めてあげること」こそが何よりの介護協力です。**

「お母さんを大切にしてあげてね」などと、思ったことをただそのまま口にすることが被介護者のためになるわけではありません。何よりも日頃頑張ってくれている介護者に感謝の気持ちを伝えて、介護者が安心して心穏やかに介護ができる環境をつくってあげることが、結局は被介護者のためになるのです。

Q5

母が娘である私のことを「お母さん」と呼ぶことが苦痛です。

私は幼い頃から母と仲がよく、まるで姉妹のように育ちました。そんな母が認知症になり、介護を始めて今年で10年です。この10年で大変なことは山ほどありました。

しかしいちばんつらいことは、母が私のことを「お母さん」と呼ぶことです。大好きだった母が私のことを忘れてしまったなんて、こんなに悲しく苦痛なことがあるでしょうか。ふだんは話を合わせていますが、時々無性に頭に来ることもあります。

どうしたら娘の私のことをしっかり認識してもらえるでしょうか。

A

自分を生み、育ててくれた母親に「お母さん」と呼ばれると抵抗を感じるのは当然のことです。

本来は母親が娘を守る役割を果たしていたはずで、潜在的に甘えたい存在である母親に自分の存在を忘れられ、そのうえ「お母さん」などと呼ばれれば、娘としては言葉に表しがたい寂しさを感じてしまいます。それに、「お母さんは私のことを忘れてしまった」と思うと、介護への張り合いも失いがちです。

明らかに親の年代の人が、子どもの年代の人に対して「お母さん」と呼ぶのは異様に感じますが、認知症のお年寄りが介護者を「お母さん」「お父さん」など保護者と勘違いすることは、実はごく自然な現象と言えます。さらに気をつけておきたいことは、**「本当に娘のことを忘れてしまったわけではない」という点です。**

認知症のお年寄りで、自分を年相応だと思っている人はまずいません。だいたい男性は30～40代くらい、女性は10～20代まで若返っている人が多いようです。なかには結婚前に戻っていて、旧姓で呼ばないと返事をしないお年寄りもいます。きっと今の自分は16歳くらいなのでしょう。そうすると自分は若いはずなので、目の前にいる60代くらいの人が自分の子どもとはとても思えません。

一方で、認知症になっても親としてのプライドや責任感がどこかに残っているのです。だからこそ、自分の娘や息子の手を煩《わずら》わせたくありません。介護で娘や息子に迷惑をかけるのはイヤだ、というのが親心というものです。

そこで老いてしまった自分の心を守るために、意識のすり替えが起こります。「自分は若いはずだ」「物事がわからなくなって心が不安だから、目の前にいる介護者に対して甘えたい」という2つの心情が認知症によって、「目の前

にいる介護者は優しくて安心できるから自分の親に違いない」「親にだったら心置きなく甘えられるから、介護をされてもつらくも虚《むな》しくもない」という思いになるのです。

このように認知症のお年寄りが自分の娘を「お母さん」と呼ぶ裏には、家族である娘に対する安心感と、娘に迷惑をかけたくないと願う親心が同時に潜んでおり、決して本当に娘を忘れてしまったわけではないので、どうか落ちこまないでください。

あなたが安心感を与えるよい介護をしている証です。

Q6

夫の親を介護しても感謝もなく、夫の無理解、無関心がつらいです。

認知症の舅《しゅうと》を引き取って我が家で介護をしています。

在宅介護は夫の強い希望だったのですが、実際には私が全ての介護をしており、夫は仕事ばかりでまったく協力を得られない状態です。舅は排泄の失敗や徘徊癖があるので介護は非常に大変なのですが、夫からはねぎらいの言葉もなく、私がやって当然だと思っています。

介護の話をするだけで機嫌が悪くなってしまう夫に、どうしたらもっと私の気持ちを理解してもらえるでしょうか。

A

これも本当に多いお悩みの一つです。この方はお舅さんの介護ですから「夫の無理解は理不尽だ」と感じるのでしょう。でも、夫の親だと**愚痴が言えるだけいいのです。**ご自身の親御さんを嫁ぎ先に引き取って介護している人は、**介護が大変なうえに、ご主人に対して**「夫にも窮屈な思いをさせてしまって申し訳ない」などと**気を使っているケースが少なくありません。**

× 無理解な夫に求めすぎると余計ストレスに……

またお義父《とう》さんがトイレを失敗したわ
はぁ〜
聞いてるの？あなたの親のことでしょ？
家でくらい休ませてくれよ!! 忙しいんだ!!
何よその態度！私だって忙しいわ仕事のほうがマシよ！
イラ イラ
また お漏らし 発見
もう イヤ！

介護者世代の男性の代表的な考え方

家のことは女の仕事
男は外
女は中
家事
育児
介護
うちの親に限って……
まだ大丈夫だろう
若い頃の父親のイメージ

介護負担に加えてご主人にも気を使うというのは本当にしんどいことですが、残念ながら現在の日本において男性に介護の大変さを理解してもらうのは非常に難しいと言えます。

若い世代には子育てを積極的に手伝ってくれる男性も増えていますが、介護者の年代の男性は家事も育児も経験のない人がほとんどです。男は外で働いてお金を稼ぎ、家の中のことは女が引き受けるのが当たり前の世代なので、**介護は女の仕事だと思っています。**まして相談者の場合、ご主人はまだ現役でお仕事をされているようなので、余計に他人事なのでしょう。

また、実の親の認知症は受け止めるのが難しいという面もあります。自分の親ですと若くて立派だった頃の記憶がありますから、ご主人には老いて認知症になっているという現実が見えにくいのでしょう。現実が見えていないと、「自分の親が滅茶苦茶なことをするわけがない」と思いこんでしまいます。結局、**奥様を信頼するあまりに甘えているのです。**娘には甘えられなくても、**奥様になら甘えられますから。**

こういう場合、ご主人と一緒に介護セミナーなどに参加するのがおすすめです。第三者の「専門家が語る介護」を一緒に聞けば共通の話題にもなりますし、ご主人の理解も少しは深まるかもしれません。

しかし多くの場合、**これ以上関係を悪化させないためにも、ご主人ではなく第三者のよき理解者を探すほうが建設的です。**悩み事は第三者に話し、介護保険サービスなどを最大限に活用してご自身の体の疲れを溜めないように気をつけてください。

第三者のよき理解者を探して自分を肯定してあげよう

うちの夫ひどいんです！
自分の親なのに知らん顔で！
ご主人は奥様を信頼しすぎて甘えていらっしゃるのかしら？奥様がよくおできになるから
ケアマネ
わかる！うちの夫も全然ダメ！何もわかっちゃいないのよ！
でしょでしょ
介護友達
わかる人はわかってくれる
私はよく頑張っているわ！

Q7

これだけ頑張って介護しても成果が上がらず、やる気が出ません。

妻が若年認知症を発症してから4年が経過しました。私は子育てもろくに手伝わず、妻には今まで苦労ばかりかけてきたので、誠心誠意介護をしている毎日です。以前は料理もしなかった私ですが、栄養バランスや味、色味にも気を使って毎日三食手づくりしています。

しかし妻の病状は悪くなる一方です。ごはんを食べさせても何の反応もない日々が続くと、時々ひどく虚しい気持ちになります。まったくよくならない妻の介護は、どうやってやる気を継続させたらよいのでしょうか。

A

まず、相談者は男性であるにもかかわらず非常に頑張っていると思います。残念ながら日本の男性というのは介護に向いていない人が多くて、認知症の親と同居していても放っておいたり、追いつめられて暴力を振るってしまう人さえいるのです。そもそも男性だと慣れない家事をしっかりするだけでしんどいと思うのですが、そのうえ奥様の介護も頑張っておられて、本当に素晴らしいと思います。

ただ男性独自の問題として、長年仕事を通して評価をされてきたためか、介護にも成果を求めてしまう傾向があるのは確かです。

しかし、介護と仕事は根本が違っています。介護は成果を上げるものではなく、**あるがままの状態を受容する**ものなのです。そこの考え方の切り替えが難しいのだと思います。

男性介護者は2倍大変!!

慣れない介護
着替え手伝おうか
慣れない家事
あ、洗たくもの干さなきゃ

奥様の病状が進んでいくことで虚しいお気持ちになるようですが、**実は奥様自身が誰よりも虚しさを感じているはずです。**もちろん「虚しい」とは言わないでしょうが、認知症の人にも感情や自尊心は残っていますから、自分の現状に対して言いようのない不安感や無力感を抱えていることと思います。

認知症の人はただでさえ不安なので、自分の命を預けている介護者の顔色や漂う空気には非常に敏感です。ですから介護者であるご主人が一生懸命になりすぎるあまりイライラしたり、奥様の現状に失望したりしてしまうと感情が伝わって、より一層畏縮してしまうことになりかねません。

そうした負のスパイラルに陥らずに今後のやる気を継続させるためにも、**上手な手抜きができるといいでしょう。**

やる気を継続させるための手抜きはいくつか考えられます。男性の場合は、これまでとは別の方面で**「仕事」と割り切ってみる**のもいいでしょう。

たとえば自分は奥様専属のプロの介護士だと思って、仕事として排泄介助や料理に取り組むことで心の距離を一定に保ったり、仕事をした分だけ給料をもらう感覚で毎月一定額のお金を引き出して気分転換しに行くのもいいかもしれません。

また、奥様は反応こそないけれどお料理はある程度しっかり食べてくれているようなので、**「言葉はなくとも食べてくれるということはおいしいんだな」と受け取る**のもいいでしょう。

これだけ介護を頑張れる男性なのであれば、あとは意識的に気分転換をしながら、介護に対する受け取り方を少し変えるだけでモチベーションを保てると思います。

愚痴や泣き言を言いにくい男性介護者は
生ビールもう一杯!
いやーしかしよくやってるよな 介護 俺には無理だもん
介護から離れた気分転換をどうか大切に…

コラム❶

認知症って、本当に脳の病気なんだろうか

大井シゲさん（仮名）は、私が就職した特別養護老人ホームで生活していました。

上司の生活指導員から見せてもらった書類によると、大井さんは、ケース番号1でした。つまり、新設の施設に誰よりも先に入所してきたのです。

年齢は76歳。特養入所者とはいえ、生活はほぼ自立していて、ボスでした。なにしろ職員と入所者を合わせた中で、〝施設経験〟があるのは大井さんだけだったのです。

しかし、10年経つとシゲさんは86歳、いつまでもボスを続けることはできません。階段の途中で動けなくなって、職員に背負ってもらうということがありました。その日の夜、彼女はほとんど眠らないで、スタッフルームに何度も顔を見せていろんな要求をしました。

お漏らしをしてしまった夜は、もっと大変でした。私が宿直だったのですが、廊下で大声を出しています。「どうしたんですか？」と尋ねると、「池にはまって死んでやる」と。自分のような迷惑をかける者はここにいてはいけない、だから死ぬと言うのです。その後、大井さんは認知症の症状を深めていきます。

30代や40代で発症する認知症は、脳の病気である可能性が高いでしょう。しかし大井さんの認知症は、「老いに伴《ともな》う人間的反応」ではないかと思わざるをえません。「老いに伴う人間的ドラマ」と言ってもいいかもしれません。

大井さんのようなプライドの高い人ほど、老いていく自分自身と付き合っていくのが難しいんだなと、つくづく思わされました。

第2章 生活習慣への対応

Q8

食べたばかりなのに「食事はまだか」と言われます。

母は80歳を越えた頃から少しずつ物忘れが目立つようになってきて、私たち家族も心配していました。

それが最近になって、ごはんを食べたのに「ごはんはまだか」と聞いてくるようになったのです。

最初は「さっき食べたでしょう」と言えばすんでいたのですが、最近は「そうやってごまかして！」と言って怒ることもあります。食べたものを食べていないと言われてもどうしようもないですし、対応に非常に困っています。

A

これは認知症のよくある症状として比較的有名なお悩みです。認知症になると短期記憶を保てなくなります。つまり、**昔のことは覚えていても、最近のことを忘れてしまうのです。**

食べたことを伝えて納得してくれるうちは問題なかったでしょうが、怒り出すとなると家族も困ってしまいますよね。では、なぜ怒り出してしまうのでしょうか。

怒り出す心理の原因は、本人も心のどこかで自分の記憶がおかしくなっていることに気づいていて、そんな**自分自身に不安を感じている**からかもしれません。もしくは「自分だけが食事から外されて、不当な扱いを受けている」と思いこんでいることも考えられます。

コントのような光景ですが、実際によくあるんです

ごはんはまだなの？
えっ！さっき食べたでしょう

食器を見せて説明
ごはんは まだなの？
さっき食べましたよ ほら これ

呆れる。否定する
ごはんは まだなの？
また!? さっき食べたって言ってるでしょう いい加減にしてください

どちらにしても、「食事を与えてもらえない」というのは生命の危機に直結しますから、本人にとっては非常に深刻な事態と言えます。

このように本人が意固地《いこじ》になっている場合に大切なのは、「食べていない」と信じている本人の思いを尊重して対応を考えることです。

「またそんなことを言っているんですか？」などと言って呆れたり、「さっき食べたでしょ」と、強く否定したりしてはいけません。介護者としては正論だと思うかもしれませんが、本人にとっては**「食事を与えてくれないうえに、バカにされた」と被害者意識や不信感を抱く原因となってしまうからです。**こういうすれ違いが起こると家族関係がどんどん悪化して、より一層介護が困難になってしまいます。

対応策としては、**食べた食器をあえて片づけないでおく、**というのがおすすめです。主婦の皆さんは食事が終わったらすぐ

に綺麗に片づけたいと思われるかもしれません。しかし、お母様の食器だけはダイニングテーブルに残しておくと、食べたことを思い出すヒントになるので便利です。

それでも納得しない場合は、ただの記憶障害だけでなく、心の根底にある不安感が原因かもしれません。相手の精神が不安定だと思ったら、「これから支度するね」「何が食べたい？」など**気持ちを汲みながら会話をすることで、寂しさを紛らわしてあげる**のもいいでしょう。

なかには、食べたことを忘れるという以前に「とにかくもっと食べたい」という人もいます。そのような人は肥満化しやすい傾向にあるので、ダイエット用のお菓子を用意したり、なるべく低カロリーの食事を多めにつくって小分けに出すなどの工夫が必要です。

被介護者が肥満になってしまうと、介護者の身体的な負担も増えるので、食べ過ぎには気をつけてください。

Q9

ごはんを食べてくれません。

5年前に認知症と診断された、現在78歳の舅についての相談です。私たち夫婦は近距離別居なので、ふだんは姑が老老介護をしています。

先日、夫と2人で実家に顔を出した時に知ったのですが、最近になって舅がめっきりごはんを食べなくなってしまったそうなんです。腰が痛い姑が痛みを我慢して一生懸命ごはんをつくっても「これは嫌い」「いらない」などと言ってほとんど残してしまうらしく、姑はすっかり気落ちしていました。

何か姑にアドバイスできることはないでしょうか。

A

腰痛を抱えながら毎日お料理しているお姑さんにとっては、せっかくつくった料理を食べてもらえないのはとても悲しいことだろうとお察しします。以前はおいしく食べていた献立を急に「嫌い」などと否定されると、自分の努力が否定された気持ちになってつらいものです。そんなお姑さんのためにお嫁さんができることは、第一に**外的な要因が隠れていないかをチェックすることです。**

認知症のお年寄りの食欲が突然落ちた場合、慢《まん》性疾患《せいしっかん》が悪化したなどの身体的原因がないか確認することが先決です。時には心筋梗塞や肺炎など、思わぬ重大な病気が原因だったということもあります。急に食欲が落ちたら、医師に相談するなどして**病気が原因でないか確認**してください。

ついつい小言の一つも言いたくなります

お願いですから食べてください
いつまで経っても片づかないじゃないですか

病気でなければ、**歯のトラブルがないか調べてみましょう。**虫歯が痛んでいたり、入れ歯が合わないなどの口腔のトラブルも、食欲低下を招く原因の一つです。

また、新しく処方された薬などはありませんでしたか。意外と知られていませんが、**薬の副作用による胸焼けやむかつきは食欲低下を招く大きな要因です。**薬が変わった場合は副作用に十分注意し、食欲を含めて日頃の様子に変化がないか特に気をつけましょう。

これらの外的な要因が見当たらない場合は、やはり認知症が原因である可能性が高いでしょう。認知症が深くなると、食べるという行為そのものが面倒で難しいもののように感じてしまうことがあります。こういう場合は出前で大好物のお寿司をとったり、家族みんなで外食をしたり、息子さん夫婦とパーティーを開くなど**「食べる楽しさ」を演出するのがおすすめです。**

こんなにおいしそうなもの食べていいのかい!?
目の色が違うわね
どうぞ
ビール
すし
唐あげ
好物が並べば、自然と食欲も湧くものです

嚥下《えんげ》が難しくなってやわらかい介護食しか食べられなかったお年寄りを、大好きな回転寿司に連れて行ったらパクパクとイカの握りを食べた、という話もあります。なかには、普段はすぐにむせてしまって食欲がないのにビールだけは絶対にむせない、なんていう人もいるくらいです。おいしくて楽しい食事は、何よりも食欲増進作用があります。

また、お箸の扱いが難しくなって食べこぼしが多くなったお年寄りは、思い切って**手づかみ食べにすると食欲が湧いてくることもあります。**一般には「手づかみ食べなんて汚い」「行儀が悪い」と思われるでしょう。しかし認知症のお年寄りにとって手づかみ食べは、自分の好きなものを自分の好きなタイミングで楽に食べることができる方法です。スプーンで食事介助をするよりも食べてくれることがあるので、ぜひ試してみてください。

手づかみで気軽においしく
おいしい！
お行儀より食べる意欲のほうが大切よね
食欲が戻ってよかった

Q10

何度もトイレに行きたがって困っています。

私の母は脳梗塞の後遺症があるうえに認知症も併発していて、現在は要介護1です。その母があまりに頻繁にトイレに行くので困っています。

私は現在近距離別居なのですが、ちょっと買い物に連れ出そうとしても「すぐにトイレに行きたくなるから外に出たくない」と言って、ほとんど家に閉じこもっている状態です。私が母の家に顔を出しても、あまりに頻繁にトイレに行くので奇妙に感じますし、気も休まりません。どうしたら頻尿が治るでしょうか。

A

年をとると誰でもトイレが近くなるものです。しかし、あまりにも頻繁だと周囲は疑問に思います。この場合もまず確認していただきたいのは、**思わぬ病気が隠れていないかどうかです。**

一般的には男性であれば前立腺肥大症や膀胱炎、女性であれば膀胱炎のほかに、子宮ガンなどが頻尿の原因になることもあります。

また、認知症のお年寄りが頻繁にトイレに行くようになる意外な原因が、便秘です。落ち着きがなくなり何度もトイレに行くので、よく頻尿と勘違いされます。けれど実は何度トイレに行ってもなかなか便がスッキリ出なくて、それをうまく表現できないというパターンもあるのです。

これらは投薬などの治療で解決できることも多いので、**まずは一度病院で検査してみましょう。**

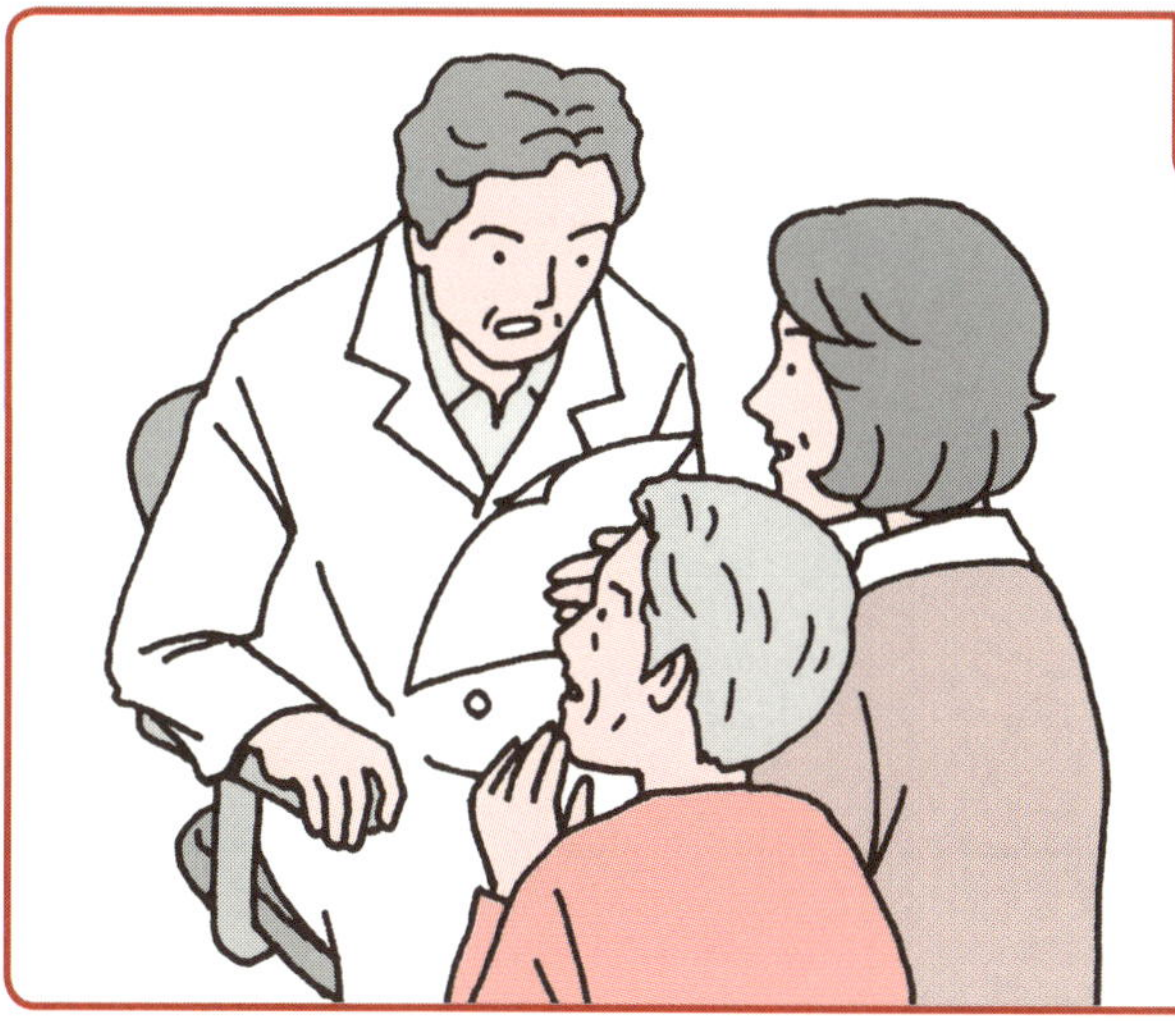
○
まずは病院で
検査を受けてみましょう

病気が原因ではない頻尿の多くは、**トイレの失敗に対する恐怖心から起こっています。**おそらくお母様はトイレの失敗経験がおありで、それが非常にショックだったのでしょう。そこで、なるべく頻繁にトイレに行くことで失敗を回避する努力をしているのだと思います。トイレの失敗は数ある老化現象の中でももっともプライドが傷つく体験なので、本人は老いを実感して切ない立場に置かれていることでしょう。ご家族はそんなお母様の努力を汲んで、どうか**トイレに関しては気にしないふりをしてあげてほしいと思います。**

そして、万が一トイレの失敗に出会ってしまったら、本人のこれまでの努力と傷ついた気持ちに配慮して、大騒ぎせずに粛々と対応してほしいものです。

また、今後の話をしておきますと、問題となるのはトイレの介助が必要になってきた場合だと思います。介助が必要なのにあまりに頻繁にトイレに行かれると、介護者にとって大

「また？」と聞き返す

トイレの失敗に対して嫌悪感を示す

きな負担となるからです。こうなると、ついつい「また?」と聞き返したり、「今忙しいからちょっと待っていてね」などと後回しにしたりしてしまいがちになります。しかし、大人のお漏らしというのは幼児の場合とは違い、**本人にとっては人間の尊厳に関わる大問題であることを頭に入れておいていただきたいものです。**

こうしたお年寄りのプライドに注意を払わず、「何度か失敗したから」と安易にオムツに替えてはいけません。本人が納得しないうちにオムツを当てることでお年寄りのプライドがズタズタに傷つき、そのまま認知症が一気に深くなるケースが増えているからです。どんなに間隔が短くても、介助が必要だとしても、**自力排泄は大切な自信の源なので、できる限り排泄介助を優先してあげてほしいと思います。**

後になって、「こんなに認知症が深くなるんだったら、オムツにしないで排泄介助していたほうがまだ楽だった」と介護者が嘆いているというのはよく聞く話です。

そうね一度行っておいたほうが安心ですよね
理解してあげる

自力での排泄は
大切な自信の源!
本人の気持ち

Q11

頻繁にお漏らしをするようになったので、オムツにしてよいですか。

一人暮らしだった父を引き取って、数年前から同居を始めました。環境の変化が原因なのか、去年頃から父の言動がどんどんおかしくなり、認知症になってしまったようです。

認知症も心配ですが、問題なのはトイレの失敗が増えてきたことです。トイレが異様に汚れていたり、汚れた下着がなぜかタンスから出てきたりして、本当に困っています。日頃はトイレで用を足していますが、いつどこで失敗するのかわからないので、こういう場合はオムツにしてもいいですよね。

A

被介護者のお漏らしというのは、家族介護者にとって非常に深刻な問題です。排泄物にはにおいがあるので、洗濯や掃除が大変で精神的に非常につらくなります。

そんな場合はオムツにしてしまったほうが介護者にとって楽になるような気がしますが、**実はオムツこそがその後の介護をより一層大変にしてしまう大きな落とし穴となるのです。**

あまり知られていませんが、オムツを当てるというのは、認知症であってもお年寄りにとって受け入れがたいほどショックなことであり、お年寄りのプライドをズタズタにしてしまいます。現にお父様の汚れた下着がタンスから発見されていますが、これは**お漏らしを家族に悟られたくない、そんな自分を認めたくないという葛藤《かっとう》の表れなのです。**

×
つい責めてしまいますよね
またお漏らししましたね！
私じゃない

現在、お父様はご家族が思っている以上にお漏らしをしてしまう自分にショックを受け、戸惑っています。そんな時に「オムツにしてほしい」と伝えると、お父様にとってはつらすぎる現実を突きつけられることとなるでしょう。

つらい現実にぶち当たったお年寄りの多くは、一気に認知症が深くなってしまいます。**オムツを当てたことをきっかけに認知症が深くなり、全面的な介助が必要になるケースが実は非常に多い**のです。「オムツにするまでは元気に歩き回って身の回りのこともある程度できていたのに、どうして突然こんなことになってしまったのか」と頭を抱えている介護者が全国に数多くいらっしゃいます。

これらのことを踏まえて介護者はオムツを当てる決断をする前に、「自意識もプライドもあるお年寄りにオムツを当てるというのは、それほどまでに本人を傷つけることなのだ」と理解することが大切です。

こんなはずではなかったのに……
わしなんて家族のお荷物なんだ……

つまり、認知症であってもオムツを当てない生活をなるべく長く続けることが元気の秘訣なのですが、そうは言っても排泄物の処理は家族にとっては苦痛ですし、大きな負担になります。ですからまずは排泄物の処理について考える前に、トイレの失敗を減らすことを考えるといいでしょう。

失敗を減らすためには、就寝前、寝起き、食後など、**出やすいタイミングで頻繁にトイレに誘うように心がけます。**簡単なことですが、それを意識して行うだけでかなりお漏らしを減らせるはずです。

また、汚れた下着を隠されると余計に後始末が大変になってしまいます。日頃からトイレの失敗は気にしていないように振る舞って、なるべく本人が隠さずに素直に出しやすい雰囲気をつくることも大切です。

もう要介護認定は受けていますか？　失敗が続いて相談者の疲れが蓄積するようなら、限界を迎える前にデイサービスやショートステイなど**介護のプロに頼ることも必要です。**

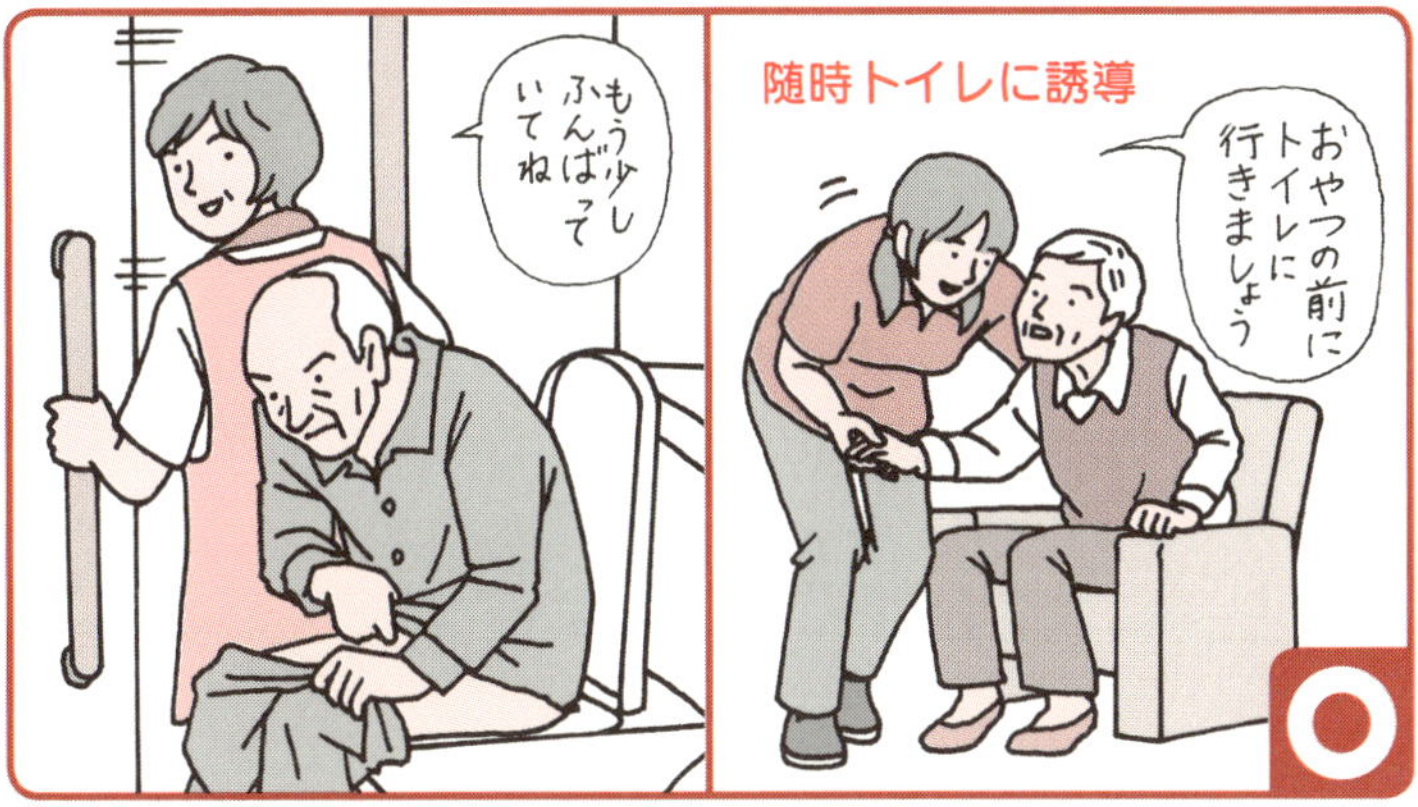
もう少しふんばっていてね
随時トイレに誘導
おやつの前にトイレに行きましょう

Q12

どこでも構わず排泄してしまって、大変です。

同居をしている67歳の舅についての相談です。舅は４年前に脳梗塞で倒れて以来、軽いマヒと認知症のような症状が出ています。

最近非常に困っているのですが、私がパートから帰ると、舅がリビングの鉢植えや廊下の角、和室の床の間などで排泄してしまっているのです。オムツを当てても変わらず、なぜか変な場所で排泄をしてしまいます。

いったいどのように対応したらよいのでしょうか。

A

トイレ以外での排泄は家を傷める原因にもなりますし、においのトラブルも引き起こすので、家族にとっては大きな苦痛の種です。せめてトイレでの失敗であれば、多くのトイレは防水仕様のクッションフロアなどが使われているので片づけも楽ですが、廊下や和室でされると困り果ててしまいますよね。

家族としては「やめて！」と叫びたくもなるでしょうが、あまり本人を傷つけて追いこんでしまうと、余計に認知症が深くなって問題行動が増えてしまいがちです。

認知症が深くなればなるほど、介護家族の負担はどんどん増えてしまいます。対策としては、**どうしてこのような失敗が起きるのか原因を考えて、環境や対応に改善点がないか探すことが大切です。**

衝撃的な光景……ですよね

手遅れなら受け入れる
着替えましょうか
……

間に合えばトイレに誘導する
あっちですよ
そっちか

では、なぜトイレ以外の場所で排泄してしまうのでしょうか。

決して勘違いしているわけではなくて、トイレの場所がわからなくて迷っているタイプの人がいます。つまり、トイレを探しているうちに間に合わなくなって、結果としてトイレ以外の場所で排泄してしまっているわけです。

この場合は、**なるべくトイレの場所がわかりやすいように工夫をする**と、多くの場合は解決します。たとえばトイレのドアに「便所」「お手洗い」などと大きく書いたプレートをかける、トイレの照明や廊下の照明は昼夜を問わずつけておいてわかりやすくする、トイレのドアを常に開けておく、などの方法が有効です。

また、毎回決まった場所（お舅さんの場合は鉢植え、廊下の角、床の間でしょうか）で排泄する場合は、**そこがトイレだと思いこんでいる**ことが考えられます。

◎対応法
よく排泄する廊下の角
これだけ対策すれば大丈夫！
防水シート
防水シート
いつでも来い！
猫用のトイレ
防水シート

トイレだと思いこんでしまっている様子なら、新しくトイレの場所を教えこむのは難しいものです。ですから無理やりトイレを教えこむよりも、**その周辺に排泄対策を施しましょう。**

具体的には、該当箇所の壁や床に防水シートを貼って保護したり、床にはバケツやポータブルトイレ、ペット用のトイレなどを置いておくのもいいでしょう。

これらの対策と並行して、**介護者が意識的に排泄ケアをしましょう。**排泄ケアとは、本人の排尿、排便のパターンを観察して、タイミングよくトイレに誘導することです。「○時間おきにトイレに連れていく」「食事の後は少しの間トイレに座っていてもらう」などを習慣づけることで、そもそものトイレの失敗を大幅に減らすことができます。

ここまでにご紹介した対応法の中で、お舅さんに合いそうなものを試してみてください。

Q13

オムツをイヤがって、すぐに外してしまいます。

近距離別居の姑が数年前に認知症と診断されました。現在はヘルパーさんやデイサービスの力を借りながら舅が老老介護をしていて、私もパートの合間を縫って手伝いに通う日々です。

昨年から姑のトイレの失敗が増え、舅の睡眠を確保するために寝る時だけオムツを当てることになりました。ところが姑はオムツをイヤがって外してしまうのです。結局布団でお漏らしをして、毎晩夜中に舅がシーツを替えたり着替えさせたりしているため、舅は非常に疲れています。

どうしたらイヤがらずにオムツを使用してくれるのでしょうか。

A

寝ている間だけオムツにしていらっしゃるということですが、お舅さんは大変頑張っていらっしゃいますね。毎晩夜中にシーツを替えて、着替えさせてというのは非常に重労働です。お舅さんは、さぞお疲れのことと思います。お疲れのお舅さんに、なんとか質のいい睡眠をとらせてあげたいものですね。

ではまず、どうしてお姑さんがオムツを外してしまうのか、その原因について考えてみましょう。

お年寄りであるか赤ちゃんであるかにかかわらず、オムツを外す理由の多くは不快感です。つまり**オムツ自体がゴワゴワして不快だったり、排尿や排便をしたために蒸れて不快だったりすることで外してしまいます。**ですから、不快感を減らすためにどうしたらよいのかを考えることが大切です。

こうしてみよう

本人の肌に合うオムツと合わないオムツがあるので、さまざまな商品を試してみましょう

女性同士だから話せる話題もあります。排泄関係はデリケートなので、詳しい話はなるべく同性同士で話しましょう

ひとくちに介護用オムツと言っても、最近はさまざまな商品がありますから、いろいろ試して本人の肌に合う商品や、「これならイヤがらずに使ってくれる」という商品がないか探してみましょう。

どうしてもオムツをイヤがるというのであれば、**オムツ以外の商品を試してみるのも有効です。**オムツ以外の商品の代表的なものに、下着に貼り付けて使う尿とりパッドや、失禁に対応して股の部分の吸水性を強化した安心パンツなどがあります。特に女性の場合は、毎月生理用ナプキンを当てていた経験があるので、尿とりパッドならば違和感が少なく、感覚的に受け入れやすい人も多いようです。この場合、女性である質問者が「私も尿漏れ対策で使っているんです」などと女性の立場からすすめると、より受け入れやすいかもしれません。

では、オムツ以外の商品は具体的にどのように使うと効果的なのでしょうか。

昼間にトイレで排泄できるくらい足腰がしっかりしていれば、夜中はポータブルトイレが大活躍！
ベッドとポータブルトイレの高さを合わせ、手すりを付ければ自分で排泄できます

一般的には、昼は安心パンツを使用して、夜は尿とりパッドという使い分けが多いと思います。夜間に尿とりパッドを取り入れる場合、尿とりパッドを利用したうえで、シーツの上に1枚バスタオルを敷いておくと安心です。そうすれば、たとえ尿とりパッドから少々横漏れしてしまっても、そのままお漏らしされてしまうよりは量が大幅に少ないので、いちいちシーツ交換までしなくてもバスタオルを替えるだけですみます。

また、夜間にトイレに行きやすいように、**ベッドの横にポータブルトイレを置くのも効果的です。**オムツをしてもなお、なるべくトイレに行きやすい環境をつくってあげることで、お漏らしを減らすことができます。寝る前に必ずトイレに誘導し、夜中もベッドサイドのポータブルトイレを使用する習慣がつけば、夜中のお漏らしや着替えを減らすことができるでしょう。

Q14

トイレに失敗したうえに、ウンチを触ってウンチまみれになってしまいます。

私の夫は4年前に認知症と診断されました。現在、認知症はかなり深くなってきたようです。

最近になってトイレの失敗が増えました。問題はそのたびに自分で何とかしようとして、体中ウンチまみれになってしまったり、部屋中を汚してしまうことです。「排泄に失敗したら、何もしないで私を呼んで」と何度言っても、決して呼んでくれません。どうでもよい時はすぐに呼びつけるのですが……。

どうしたらよいのでしょうか。

A

便を摑《つか》んだり、触ったりすることを専門家は「弄便《ろうべん》」と呼びます。弄便は関係する人たちに非常に大きなショックと嫌悪感を与える行為なので、かつて医学界では「人格崩壊の極致」とされていたほどです。精神科病院などでは、「あってはならない行為」として身体拘束をしたり、薬で体が動かないようにしたりしてしまうところまでありました。しかし、本当に弄便は人としての尊厳を失うほどの異常行動なのでしょうか。

相談者もお気づきのように、弄便はただの人格崩壊ではなく、**本人には本人なりの理由があります。**その理由は「排泄に失敗してしまったけど、恥ずかしくて悟られたくないので自分で何とかしたい」「排泄物をどうしたらよいのかわからない」など、その人やその時の状況によってさまざまです。

介護をするうえで大切なのは「何もわからないから、弄便をするんだ」ではなく、「わからないなりに本人の考えがあるんだ」ということを理解することだと言えます。

相談者のご主人よりももう少し深い認知症で弄便にお悩みの方がいる場合は、おそらく不快感が原因です。赤ちゃんがオムツにウンチをしたら、泣いて訴えます。それと同じで、**認知症のお年寄りも便が出たら不快なので、自分で取り除こうとして便を摑んだりするのです。**

解決策としては、失敗してから呼んでもらうのではなく、**排便に失敗してしまう前にトイレで排泄させることが、面倒に見えていちばんの近道と言えます。**

たとえば、尿意や便意がある時のお年寄りは落ち着かなくなったり、ウロウロと動きまわったりと、何かしらのサインが出るものです。介護者がその**サインを意識してトイレに誘導する**だけで、排泄の失敗は劇的に減らすことができます。

衝撃的な光景ではありますが、「不快感を解消したい」という当たり前の行動なのです

または、排泄のスケジュールを管理するのも有効です。朝起きたらトイレに誘導し、朝食を食べたら排便するようにしばらくトイレに座ってもらいます。次は散歩に行く前、昼食の前、おやつの前など、**何か決まったきっかけでトイレに座ってもらうように習慣づけることで排泄の失敗を大幅に減らすことができるでしょう。**

　排泄の失敗が減れば、弄便も必然的に減りますので、ぜひ試してみてください。

トイレですか？
ソワソワ

尿意や便意を察知してトイレに誘う

おやつの前にトイレに行きましょう

定期的にトイレに誘う

Q15

入浴や着替えをイヤがって、してくれません。

私の母は83歳です。数年前から認知症のような症状が出てはいますが、毎日茶飲み友達とお話したりしてこれまで元気に過ごしてきました。

しかし、最近になって急に面倒くさがりになってしまったのです。まずお風呂に入らなくなりました。「今日は汚れていないから」などと言ってお風呂から逃れようとするのです。その他にも着替えをイヤがったり、「この服がいい」などと言ってパジャマにすら着替えてくれません。

どう説得したらいいでしょうか。

A

毎日茶飲み友達とお話をしているとは、お年寄りにとって理想的な暮らしですね。お母様はお友達や娘さんに見守られながら、素敵な老後の人生を送られていることと思います。

さて、認知機能が低下してきたお年寄りが入浴や着替えをイヤがるのはよく見られる光景です。入浴の場合は「服を脱ぎ、体を石鹸《せっけん》で洗い、髪の毛はシャンプーを使って洗う」などの複雑な動作が要求されます。着替えも「先にボタンを外し、腕や頭を通して服を脱ぎ、下着を着てからパジャマを着る」などの**複雑な工程があり、認知症のお年寄りにとっては難しくて面倒に思えてしまうのです。**

この場合は、面倒だという本人の気持ちを受け入れて、毎日お風呂に入らなくても2〜3日おきで十分だと思います。

面倒くさいので何かと理由をつけて、毎日こんなやりとりが……

お風呂に入りますよ
汚れてないから今日はいいよ

パジャマに着替えるのもボタンなどが面倒なら、Tシャツやトレーナーなどの着替えやすい部屋着を用意して、パジャマで寝なくてもいいでしょう。それすら着替えるのがイヤなのであれば、普段着のまま寝てもいいと思います。

また、入浴に対する不快感や面倒くささを少しでも軽減させるために、**脱衣所を快適にするのも有効です。**たとえば夏は脱衣所に扇風機を置いて涼しくし、冬はストーブを置いて温かく保つなどして温度調節をします。すると「夏は風呂に入ると暑いからイヤだ」「冬は服を脱ぐと寒いからイヤだ」などの単純な原因が解消されて、あっさり入浴してくれることもあるくらいです。その他の工夫としては、**脱衣所では脱衣や着衣のために椅子を用意しましょう。**着替えに苦手意識がある人には、腰かけながらゆっくり着替えられる環境を用意してあげることが必要です。

一方、お母様よりも認知症が深い人の場合、認知症の影響

温泉や銭湯で気分を変える

介護者も一緒に裸になって入る

で汚れに対して無頓着になり、入浴の必要性が理解できない場合もあります。その場合はかかりつけ医や仲のいいお友達など、**本人が信頼している人にお願いして「お風呂は健康にいい」などとポジティブにすすめてもらうのも有効です。**

その他にも介護されているお年寄りのお風呂嫌いの理由には、「自分だけ裸になるのが恥ずかしい」「入浴の仕方に自信がない」など、その人なりの理由がみつかる場合もあります。その時は**介護者も一緒に裸になって背中を流し合ったり、気分転換で一緒に温泉や銭湯に行って洗ってあげるのもいいでしょう。**

一方で、全面的な入浴介助が必要になると、家族にとっては重労働になります。**その場合はデイサービスの入浴サービスがおすすめです。**決まった曜日に入浴できるうえ、人との交流の場にもなります。最近は個浴で一対一の入浴介助をしてくれる施設も多いので、ぜひ見学してみてください。

信頼している人にお風呂をすすめてもらう
田中先生がおっしゃっていたのよ

割り切って、デイサービスで風呂に入る
プロはプロに限るな

Q16

昼夜が逆転していて、夜もまともに眠れません。

同居の父は、2年前にアルツハイマー型認知症と診断されました。困った症状はいろいろとありますが、私がもっとも困っているのが昼夜逆転です。父は昼間のほとんどを布団やソファーでウトウトして過ごし、夜になると元気になります。私はろくに眠れない日々が続いて非常につらいです。医師から睡眠導入剤を処方していただきましたが、夜は興奮して寝付けず、朝方から熟睡してしまいました。

昼夜逆転は、どのように対処したらいいのでしょうか。

A

在宅で介護している家族にとって、昼夜逆転は本当に深刻な問題です。睡眠は心と体の健康を維持するうえで非常に大切ですから、介護で夜も眠れない状況になると健康状態や生活、家庭や外での人間関係にまで影響が及びます。何とかして、夜中の安眠を確保したいものです。

認知症のお年寄りの昼夜逆転には、いくつかの原因が考えられます。**見当識《けんとうしき》が障害されて昼間だと勘違いしていたり、ここがどこだかわからず不安になっている**というのもよくある原因です。

こういう場合は**今が夜中であることを理解して、安心すれば案外あっさりと寝てくれます。**そのためにはまず本人の話をゆっくり聞いてあげて、温かいお茶でも飲んでから「そろそろ寝よう」という雰囲気をつくってあげるといいでしょう。

こうしてみよう

お茶でも飲んで落ち着いてから寝かせる

私、明日も仕事なのよ……
お父さん お願い……もう寝て……

まあお茶でも飲んでから寝ましょう

●見当識とは、いまがいつで、ここがどこかがわかること。これがわからなくなるのが見当識障害しかし、相談者の場合は毎晩のことのようですし、昼間はほとんど寝ていることを見ても、**時差ボケのような状態に陥っていることが根本原因のように思えます。**人間が夜寝るには、就寝時に適度に疲れていることが必要です。まったく疲れていない状態では目がさえてしまって、認知症でなくてもなかなか寝付けません。そして就寝時に適度に疲れるには、日中の活動が必要不可欠です。ですから考え方としては**「夜間に寝てもらうこと」よりも、まずは「日中に起きていてもらうこと」から考えましょう。**

では日中に起きていてもらうにはどうしたらいいのでしょうか。

まずは前日の夜にろくに寝ていなくても、朝7時には一度起こして散歩に連れ出します。太陽の光を浴びることで、ズレてしまった体内時計をリセットさせるためです。太陽の光には人間の覚醒リズムを整えて、体内時計をリセットさせる働きがあ

ります。時差ボケ状態にある人にとっては、**まずは太陽光の力を利用して体内時計を正常に戻すことが必要なのです。**ですから本来は夜に寝かせることよりも、朝起こすことのほうが大切と言えます。

また、体内時計が整うまでは、**日中に意識して起きていてもらう工夫が必要です。**たとえば昼間に眠そうになってきたら外に連れ出すようにしたり、デイサービスに行くなどして、ある程度活動的に動けるように日程を組みましょう。どうしても眠くて**昼寝をするようであれば、なるべく30分以内で切り上げて、**夜の睡眠に響かないように心がけることも大切です。これを毎日続けることで、徐々に体内時計が整っていきます。

このような努力をしても改善できない場合は、ケアマネジャーに相談して、**ショートステイを利用するようにしましょう。**介護者が介護を続けるためにも、定期的に介護者の睡眠を確保することはとても大切なことです。

ショートステイは在宅介護を維持するための最後の砦です。限界を迎える前に頼りましょう

コラム②

介護の世界では、認知症をこう分類している

認知症を脳に原因のある病気だとするのが医学の見方で、一般の人もそう思いこんでいるようです。

でも介護の現場では、医学というよりも、もっと広い人間学とも言うべき視点で認知症をとらえてきました。その一つが、「老いに伴う人間的反応」という見方です（40ページ参照）。

「老い」を社会がどうしていいのかわからない、家族がどう関わっていくべきか困っている、そして何より肝心なのは、自分自身が自分の「老い」とどう付き合っていけばいいのかわからなくて、混乱していることです。

「老い」とは、物忘れをすることです。お漏らしさえすることです。人の手を借りなければならなくなることです。そんな自分が自分であるはずはない。でも、若い頃の自分に戻ることはできないとなると、人はどんな反応をするでしょうか。

そんな老いた自分を受け入れることができればいいのですが、「自立した個人」にこそ価値があると信じている人には、それはとても難しいことのようです。

ある人は、老いた自分にいらつき、家族や介護者に暴言を吐いたりします。これを「葛藤型」と呼びます。ある人は、心の中でだけ、若い頃の自分に戻ってしまいます。これは「回帰型」と名付けられています。さらに、現実から逃避して自分だけの世界に引きこもるタイプの人を「遊離型」と言います。

老いに伴う人間的反応の3つの型に合わせて対処していく、それが介護の考え方です。

第3章 拒否への対応

Q17

介助されるのをイヤがります。

同居の舅は5年前に骨折で入院して以来足腰が弱り、家から出なくなって認知症になりました。

できることも少なくなりましたが、認知症の影響か全て自分でできると信じているようです。ろくに歩けないのに新聞を取りにいこうとしたり、着替えも一人でやろうとします。できないので介助をしようとすると怒り出すのです。こちらは厚意でやっているのに怒られると納得がいきません。

どうしたら舅が介助を快《こころよ》く受け入れるようになるでしょうか。

A

お舅さんのために厚意でしている介助を拒否されると、介護者は自分の存在を否定されたような悲しい気分になるものです。つられてイライラしてしまったり、イヤな気分になって落ちこむこともあるでしょう。

では、どうして自分では難しいようなことでも、介助されることを嫌うお年寄りがいるのでしょうか。その理由を掘り下げていくと、実は介助という行為自体を拒否しているのではないことがわかります。お年寄りはむしろ、**「こんな簡単なことで介助されてしまう自分自身」を拒否している場合が多いのです。**

たとえば相談者の場合、現実のお舅さんは新聞を取りにいくのが難しいほど足腰が弱っています。しかし、以前の自分なら新聞を取りにいくというのは

非常に簡単で、当たり前にできたことのはずです。ですから、そんな簡単だと思うことで介助をされてしまうと、自分がいかに衰えてしまったのかを実感することになり、それがつらいのだと思います。現実の自分の不甲斐なさと向き合うことがつらいから、自分でやることで自信を保ちたいのです。介護者は、お年寄りが抱えるこの複雑で切ない心境を理解してあげられると、気持ちが楽になります。

「どうしたらお舅さんが介助を快く受け入れるのか」というご質問ですが、その答えは**「お舅さんは変わらないので、不必要な介助はしないようにしましょう」**です。本人が「自分でやりたい」と思っているのであれば、本当に危険な場合以外は黙って見守ってあげましょう。

新聞が取りたいのであれば、どんなに時間がかかっても自分で取りにいかせてあげましょう。着替えがうまくできなくても、本当にどうしようもなくなるまでは見守るとよいで

非難する
まー
なんですか
あの態度!

本人の気持ち
そりゃあ
若い頃とは
違うけど
わしだってまだまだ
できるのに

しょう。もしかしたら30分くらいかければしっかり着られるかもしれません。そうやって**自分のことは自分でやることで、残った体の機能を衰えさせないリハビリにもなるのです。一人でできたら、認めて感謝することも忘れずに。**

どうしてもサポートが必要な場合は本人のプライドを傷つけないように、なるべく本人に気づかれないよう配慮しながら手伝うようにしましょう。

さりげないサポートを
お皿洗い？
うん
あ、汚れが全然落ちてない
でも家族のために一生懸命やってくれているのよね
さて、おしまい
ありがとうね
いいのよ
あとでおばあちゃんが散歩の時にまた洗おう

◎対応法

ギリギリまで手出しせず見守りましょう

Q18

せっかく来てくれたお客さんに会いたくないと言います。

妻は2年前に骨折して手術したのをきっかけに認知症になり介護が必要になりました。初めのうちは慣れない家事と介護で大変でしたが、最近は慣れてきたところです。

最近困っていることは、せっかく来てくれた娘一家に、妻が会いたくないと言うことです。もう玄関まで来ていても「会いたくない」と部屋にこもってしまいます。娘も孫たちも厚意で来てくれているのですが、どうしたら会ってくれるのでしょうか。

A

認知症のお年寄りにもいろいろなタイプがあり、人と会うことが好きな人もいれば、人と会うことを負担に感じる人もいます。この「人と会うことを負担に感じるタイプ」の認知症の人に**無理やりお客様と引き合わせても、多くの場合はあまりよい結果につながらないものです。**せっかく来てくれたお客様に対して失礼な態度になってしまったり、お客様が帰った後に疲れ果ててしまって、精神が不安定になったりすることもあります。

では、人と会うことを負担に感じるお年寄りにはどんな心理が働いているのでしょうか。

認知症が比較的浅い人であれば、「以前と比べてみっともない姿になってしまった自分を見られたくない」「散らかっている部屋を見られたくない」な

本人の気持ち
こんな姿じゃ会えないわ
この人誰かしら
疲れたわ

無理に会わせる
遠くから来てくれたのに
失礼でしょう

ど、世間体を気にしていることが考えられます。この場合は、**お客様が来る前に身支度を手伝ったり、お部屋の片づけをしてあげたりするなど、本人の気持ちを汲んだ準備をすることが有効です。**

認知症がもう少し深くなっている場合は、相手が誰だかわからなくなってしまって、知らない人に会うことに不安を感じているのかもしれません。自分の認知機能に自信がない人は、わからないことだらけで常に不安の中にいる状態です。そういう人は、同居している家族や頻繁《ひんぱん》に交流がある人以外との接触自体が負担になって、疲れてしまうこともあります。

また、「娘さんやお孫さんのことは認識している」という場合であっても、認知症や老化によって気力や体力の低下が著《いちじる》しく、日頃のペースを崩すこと自体が負担だと感じている可能性もあるでしょう。

準備をしたりフォローをしても取り除けない原因がある場合

負担にならない距離感

おばあちゃん久しぶり!
いらっしゃい
おばあちゃんお茶だよ
あらありがとう
もう帰るね
またおいで
この程度の接触で本人にとっては十分だったりします
充実感

◎対応法 準備を手伝いましょう

掃除ヨシ!
身支度ヨシ!

は、**なるべく本人の意思を尊重してお客様との接触を減らしてあげましょう。**たとえば娘さんご一家が遊びに来てくれる日であれば、相談者がお孫さんとの楽しい時間を満喫している間、奥様には自室でゆっくりしてもらって、ちょっとだけ挨拶をする程度にとどめるとよいのではないでしょうか。

「会いたくない」という本人の気持ちを汲んであげることも選択肢に入れてみてください。

Q19

要介護認定を受けてくれません。

3年前に舅が亡くなったのをきっかけに、姑を引きとって同居を始めました。その頃から少しずつ認知症のような症状が出始め、最近ではトイレの失敗も増えて、私の介護負担は増える一方です。

そこで、要介護認定を受けて介護保険サービスを利用したいと思うのですが、姑が要介護認定を受けてくれません。そもそも病識（自分が病気であるという自覚）がないうえに、親の面倒は嫁が見るのが当然だと思っているようです。

どう説得したら要介護認定を受けてくれますか。

A

認知症に限らず、介護の必要なお年寄りが要介護認定を拒否するというのはよく聞かれます。

今のお年寄りが若かった頃は公的な介護サービス制度が整っておらず、お年寄りは家族に介護してもらうのが当たり前でした。そのため、介護保険制度が定着した今になっても、**税金を使った福祉のサービスなど受けたくないというお年寄りが少なくありません。**

要介護認定を受けてほしいという言葉自体を、「あなたの介護を家族は負担に感じている」という負のメッセージと受け取って、責められているような感覚になってしまうお年寄りもいるようです。

さらに認知症の場合、自己認識がズレていて、**自分が介護してもらっていることに気づいていない人が少なくありません。**そんな人はもちろん介護して

本人の気持ち
まだできる
他人の世話になるようになったら私も終わりだ

理詰めで説得する
そんなこと言ってもトイレも失敗するし
私たち介護が大変なんです！！

いる家族への感謝の気持ちもありませんし、要介護認定を受ける必然性を感じないので、認定調査を拒否しがちです。

しかし、現実問題として現代は核家族化が進んでいますし、子どもの数も減っているので介護を担う人手が家族だけでは足りません。**まして認知症の人の介護を家族だけでこなすのは難しいので、なんとか本人も納得したうえで要介護認定を受けてもらいたいものです。**

本人が受け入れがたいようであれば、全てを説明する必要はありません。「市役所の調査で、〇歳以上の市民全員の健康状態を確認しにくるそうですよ」「今度法律で、〇歳以上の人はこの調査を受けることが義務づけられたそうですよ」など、**政策で決められたことだと説明すると納得するお年寄りが多いようです。**

認定調査員が来た時に、実際はできていなくても、なんでも「できる」「自分でやっている」と言ってしまうお年寄り

現状はメモで渡しましょう

日頃はぼんやりテレビばかり見て会話もズレているおばあちゃん
ところが調査の方がいらしたとたん
おじゃまします
どうぞ
あらご苦労さまです
どうぞ座ってください今お茶をいれますね
シャン!
恐るべし、底力!
ウソ……
はい食事の支度はいつも私がええできますよ

◎対応法

「法律で決まった」が納得しやすい

法律で決まったみたいで○歳以上の人には役所からの調査があるんですって
まぁ

もいます。そうすると、要介護にならなくなってしまうこともあるので問題です。しかし本人の前で「いや、おばあちゃんは、これもあれもできないです」などと本当のことを言うと自尊心を傷つけてしまい、今後の家族関係が悪化しかねません。**介護者はあらかじめどのような場面で介護に困っているかを具体的に書き留めておき、それをそっと認定調査員に渡すとよいでしょう。**

Q20

リハビリをイヤがってやってくれません。

父は2年前に脳梗塞で倒れて以来、左半身マヒと脳血管性認知症があります。倒れた当初は「もう歩けないかもしれない」と不安になるような状態でしたが、その後リハビリを頑張り、杖を使って歩行できるまでに回復しました。

このままリハビリを頑張ってほしいのですが、認知症のせいで本人の危機意識が薄く、最近はデイケアでリハビリを拒否しているそうです。このまま左半身が固まってしまうのではないかと思い、非常に困っています。

A

リハビリは大変ですが、だからと言って何もしなくなってしまうと家族は不安になります。リハビリをしないと体が動かなくなってしまうのではないか、と心配したり、「もうダメだ」と諦めてしまったりすることが多いようです。では、そもそもリハビリとはどのような役割があるのかを考えてみましょう。

手術直後や入院中など、病気の急性期にはリハビリが非常に有効です。なるべく早い段階で体を動かし、関節や筋肉を動かすことで、その後の生活の質が大きく変わります。この時期は痛くてもつらくても、頑張ってリハビリをすることに意義があると言えるでしょう。

一方、回復期を過ぎて自宅療養が始まる頃にはあまり効果も実感できなくなり、多くの場合は維持期

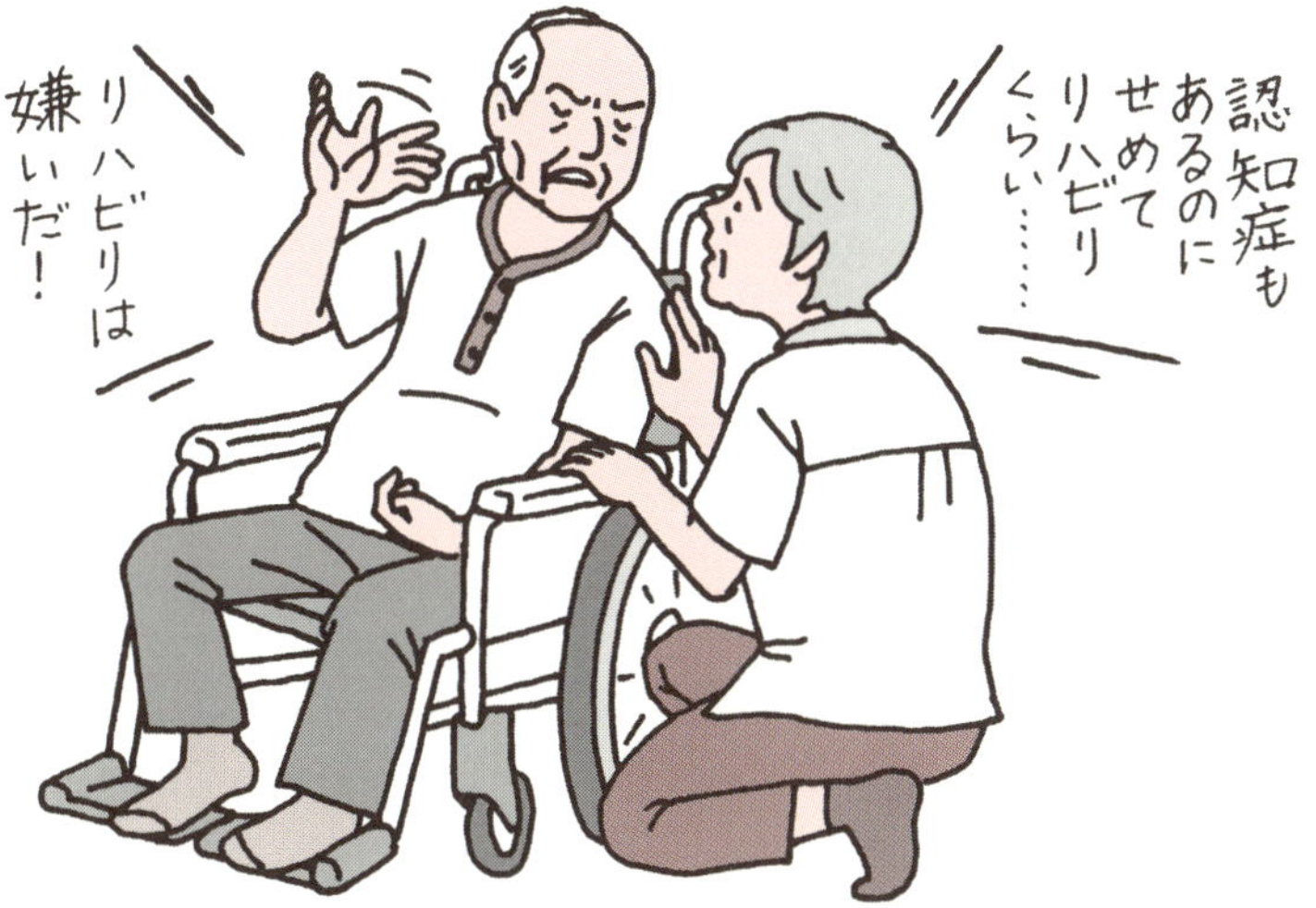

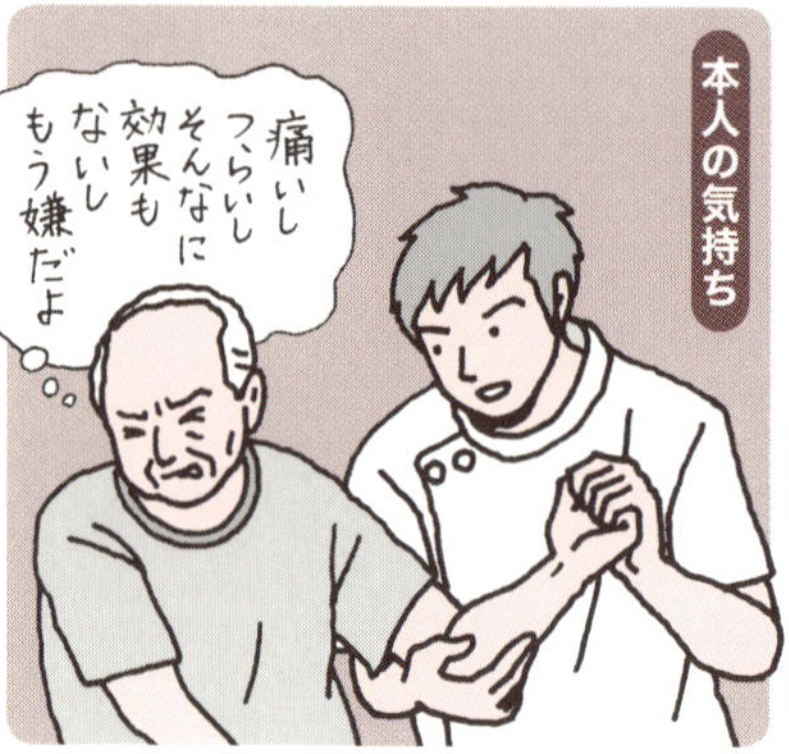
本人の気持ち
痛いし
つらいし
そんなに
効果も
ないし
もう嫌だよ

お説教をする
リハビリを
怠けると
どんどん
体が
動かなく
なりますよ！

に入っています。リハビリの効果が実感できなくなると、本人にとっては痛くて苦しいだけに感じるものです。この段階に入ってから「リハビリを怠けている」と本人を責めてしまうと、家族関係が悪化することもあります。

　リハビリは「できなくなったことを、訓練によってまたできるようにしよう」という発想に偏《かたよ》りがちです。しかし急性期ならまだしも、**維持期の人の機能はそうそう簡単には回復しません。**できない部分に注目するよりも、今できることや、残っている機能に注目することのほうが効率的です。

「今ある機能を使って、いかに自立した生活を送るか」を考えれば、**生活すること自体が体の残存機能の維持に役立つようになります。**「左手が動かない状態で、どうやって着替えをするか」「左脚を補佐しながらトイレに行くには、どうしたらよいか」など、自分でできるように工夫することが大切です。

　相談者のお父様とは逆に、リハビリ自体が目的になり、旅行

◎対応法

今ある機能を活用して生活する

動くほうの手を使ってうまく生活できるように工夫してみましょうか

など人生の楽しみを先送りする人もいます。「もう少し体がよくなってから温泉に行こう」と言って、いつまでもリハビリばかりしているのも問題です。ただの訓練によるリハビリは、思っているほど絶対的なものではありません。**維持期に入っているのであれば、今ある機能を使って、楽しく自立的な生活を送ることに目を向けるほうが建設的です。**

介護の"諦め"とは
でもリハビリしないなんて心配です
家族
三好
それは医療の立場ですね
介護では受け入れることが大切なんですよ
三好
できないことを無理強いするより
動かせる機能をフル活用して能動的に生活するのです
現実を直視してその人を受け入れるむしろ積極的な姿勢なんですよ

Q21

デイサービスやデイケアをイヤがって行ってくれません。

同居の舅が2年前にアルツハイマー型認知症と診断されました。この2年間で徐々に進行し、私は介護疲れが蓄積しています。しかし肝心の舅自身に病識があまりなく、介護されていることにも気づいていないため、感謝の気持ちもありません。

私は舅に週に何日かデイサービスに通ってもらいたいのですが、「あんなところはボケた老人の行くところだ」と言って、まったく受け入れてくれません。どう説得したらよいでしょうか。

A

休日もなく毎日介護を続ける家族にとって、デイサービスやデイケアに行ってくれるのは、非常に貴重な時間です。

日頃なかなかできない大きな用事をすませられたり、気兼ねなく人と会えたりして、介護から離れられる時間を持てると非常によいリフレッシュになります。**そうした時間を持つことができて初めて、「また明日から介護を頑張ろう！」というやる気と笑顔も湧いてくるというものです。**

しかし、昔はデイサービスやデイケアというシステムがなかったためか、実際にはなかなか受け入れられないお年寄りも多くいます。

デイサービスを自分の時間確保のためだと考えると、どうしても罪悪感を抱いてしまい、強くすすめられない介護者もいるでしょう。しかし、**デイサービスやデイケアは、慣れてくれれば何よりも被介護者本人に**

デイサービス
あんな子どもだましみたいなところ行きたくないわい！

たくさんのメリットがあります。

認知症になると、どうしても以前より家にこもりがちになり、運動量が落ちる傾向にありますが、定期的にデイサービスやデイケアに通うと生活のリズムが整い、体力や認知機能の維持に効果的です。また、家庭とは違って多くの人と会話をしたりコミュニケーションをとることができるので、よいリハビリになります。罪悪感を持つよりも、**目的を持って楽しく通ってもらえるよう、本人のために知恵を絞りたいものです。**

そのためには、どのように説得すればよいのでしょう。よくある失敗としては、無理に行かせて、自尊心が傷つけられ、二度と行ってくれなくなるパターン。

もしくは、介護者が根負けしてデイサービスの利用を完全に諦めてしまい、一方的に我慢を強いられて愚痴をこぼしてしまうパターンです。

無理に行かせる
×
お迎えの人に迷惑ですよ
とりあえず今日は行ってください！

介護者ばかり我慢する
×
行ってくれないから結局私が予定をキャンセルしなくちゃいけないわ

対策としては、施設によって雰囲気や方針が違うので、**複数見学**するようにします。また、本人の性格や要望を伝え、「配膳係を受け持てる利用者を募集しているそうだよ」と伝えるなど、**施設の中で何か役割を与えてもらう**のも有効です。大きな施設だけでなく、**民家を使った「宅老所」なら抵抗なく通える人も多い**ので、候補に入れてみましょう。

自尊心を刺激しよう

老人ばかりでイヤです
お母さんも老人ですが……
でもさお母さんは聞き上手だから
お年寄りの皆さんのお相手をしてあげたら?
きっと皆さん喜ぶよボランティアだと思って行ってあげてよ
そうね……
帰宅後
話を聞いてあげたら
皆さん喜んでいたわよ

◎対応法

いろいろな施設を見学する
性格や好みを伝える
慣れるまで付き添う
希望
要望
性格
デイケア
デイサービス
サービス

さまざまな施設を見学して、本人が「ここなら通える」という施設を探しましょう

●宅老所とは、民家など生活感のある建物で思い思いの時間を過ごす少人数のデイサービスです

Q22

認知症の父に何度も注意しているのに車の運転をやめてくれません。

私の父はまだ病院などには行っていませんが、認知症だと思います。日頃から話していると物忘れが激しく、ごはんを食べたことも忘れてしまうことがあるくらいです。

それなのに、何度注意しても車の運転をやめてくれません。

田舎なので車がないと不便なのはわかりますが、反対車線を逆走したこともあるので、とても心配です。

A

認知症になると、まずは短期記憶が失われて、長期記憶は比較的保たれます。つまり、昔から継続している運転技術などは比較的保たれるので、意外とスムーズに運転免許更新の検査などに合格してしまうものです。

しかし、免許があるからといって、認知症になっても運転をしてよいわけではありません。**道路交通法によって、認知症の人が車を運転することは禁止されているからです。**

法律で禁止されているにもかかわらず、実際には「まだ運転くらいできる」「車がないと不便」などの理由で運転を継続してしまっている人が多くいます。認知症だと自分で認めることはとても苦しいことですし、車が使えなくなると不便なのでご本人の気持ちはわかりますが、家族が認知症だと気づいているならば、断固として運転をやめさせるべきです。

●75歳以上の免許更新は、認知機能の検査が行われます。しかし、その検査に通ったことを理由に、家族が事故の責任を免れることはできません

まず、何より心配なのは大きな事故です。認知症による認知機能の低下に伴って、注意力が散漫になります。そうすると赤信号を突っ切ってしまったり、アクセルとブレーキを間違えてしまったり、今まででは考えられないような失敗が起こるものです。そうした失敗で本人がもう運転すべきでないと気づいてくれればよいのですが、本人が自覚する前に人身事故や自損事故で尊い命を失ってしまっては取り返しがつきません。**多額の賠償金が発生したり、人命を失ってしまってから後悔しても遅いのです。**場合によっては、家族に監督責任が発生することもあるので、認知症患者の家族は危機感を持って対処しなければなりません。

では、どのように本人を説得すればよいのでしょうか。まともに「もう認知症なんだから」などと言ってプライドを傷つけてしまうと、本人にとってはつらい話なので、聞き入れにくくなるものです。場合によっては、

怒りのあまり暴力などに発展しかねません。

かといって、鍵を隠したり、車を隠しても根本的な解決にはならず、不信感を募《つの》らせることが多いようです。家族への不信感は、今後の介護にも影響しかねません。

やはりここは、**医師に説得してもらうのが効果的です。**信頼しているかかりつけの医師に事情を話し、法律の面から説明してもらうとよいでしょう。

余計大変なことに
おじいちゃんが運転しないようにとりあえず車を隠そう
そうね
車はどこだ?
売りましたよ
なにー!!
車がないと不便じゃないか!
新しい車を買ってきてやったぞ!
おーい

法律違反

認知症が原因で客観的な判断ができないお年寄りには、大きな事故を起こす前に、医師にお願いをして説明してもらいましょう

コラム❸

困った症状を薬で抑えようとする前に

認知症が脳の病気だと考えると、いわゆる「問題行動」も脳に原因があるのだと思ってしまいます。でも、その脳を治す薬は今のところありません。「アルツハイマー型認知症の進行を遅らせる」と宣伝され、大量に使用されている薬も、私たち現場の実感では「怒りっぽくなっただけ」。

そこで「向精神薬」や「睡眠剤」で、〝問題行動すらできない〟状態にしてしまうことが多く行われています。私たち介護者は、「これでよかったのか」と自己嫌悪に陥らざるをえません。

私たちは「問題行動」の原因を、脳ではなくて、まず生活の中に求めます。

一晩中、落ち着かない表情でウロウロしていた田中利夫さん（仮名）は、便秘が原因でした。４日間便が出ていなかったのです。下剤を少し投与して、翌日の朝食後にトイレに座って踏ん張ってもらうとちゃんと出て、「問題行動」は解消しました。

「問題行動」が出たら「脳のせいだ」と思わないで、「不快感を教えてくれているんだ」と考えてください。「問題行動」は「体の不調の非言語的表現」だったのです。いわば、認知症の人から私たちへのコミュニケーションなのです。

では、便秘以外にはどんな身体不調が「問題行動」を引き起こすのでしょう。

私たちの経験では、便秘に次いで多いのが脱水症です。夏だけでなく、暖房が使われる冬にも多いので気をつけましょう。

ほかには、発熱、慢性疾患の悪化などがあります。でも、薬の副作用や効きすぎが原因であることがいちばん多いかもしれません。

第4章 妄想・認識の違いへの対応

Q23

財布やお金を盗られたと言っては騒ぐので困っています。

同居の姑は最近物忘れが激しく、頻繁に物をなくしています。私が特に気にせずにいたところ、なんと嫁である私が盗んでいるのだとご近所の人たちに陰口を言っていたそうです。もちろん私は、誓って盗みなどしていません。

あとで聞いてみたら、家族に対しても私が盗むと愚痴を言っていたようです。「嫁いでから家事いっさいを担当して頑張ってきたのに」と思うと悔しくて仕方がありません。認知症の人の言う根拠のない誹謗中傷《ひぼうちゅうしょう》には、どう対処したらいいのでしょうか。

A

これは**認知症の代表的な症状で、「物盗られ妄想《もうそう》」という呼び名がついている**ほどよくあることです。物盗られ妄想には、これまでも非常に多くの介護者が悩まされ、苦しめられてきました。犯人扱いされる人の多くは、身の回りでもっとも一生懸命介護をしている主介護者です。ご近所さんや親族がそれを信じてしまって大変な目に遭《あ》った人も多く、あまりに理不尽なのでつらい思いをします。

当然「どうせ自分でなくしたんでしょう」などと当たり前の反論をしたくなるでしょうが、本人は「自分こそが大切なものを盗まれた被害者だ」と思いこんでいますから、まともな反論は逆効果

正論は通じない
私のお財布がまた盗まれた！
またすぐ人のせいにして
自分で置き忘れたんでしょう
なに!! ごまかそうとして！ さてはあんたが盗んだね!!
!!
ドロボー!! 早く返せー!!
いい加減にしてください！

◎対応法　ダメ介護者のすすめ

えっ！りんごが盗まれた!?
まぁ大変！
おーい！りんごー！
どこー!?

物盗られ妄想の被害者になる介護者は、真面目で一生懸命に頑張る人が多い印象です。素晴らしい人間性であるがゆえに、介護されるお年寄りが劣等感を感じやすくなります。
食べてしまったりんごをわざと探すようなお茶目さや、家事を手抜きしてお年寄りにフォローしてもらうくらいの、適度なダメ介護者を目指してみてはいかがでしょうか

です。**「盗んだうえに、私のせいにした」**などと被害妄想に拍**車がかかりかねません。**

では、物盗られ妄想はなぜ起こるのでしょうか。

多くの場合は、認知症特有の物忘れによって、大切なものをどこかに置き忘れた時に「自分がなくすはずがないから、誰かが盗んだに違いない」と考えることで起こります。まずは**「盗られた」という本人の主張を受け入れて、一緒に探す姿勢を見せることが大切です。**「すでに食べてしまったりんご」など絶対に見つからないものでも、探す姿勢を見せて納得してもらいます。そして代わりのりんごを買ったり、頃合いを見て、お茶やおやつに誘うなどして関心をそらすといいでしょう。

また、物盗られ妄想があるお年寄りの心の底には、多くの場合、「介護をされる自分自身への強い拒否」があります。つまり介護者に一方的に世話をしてもらっていることがつらく、屈辱的に感じているのです。そこで、**「この介護者は実は泥棒で、**

自分こそが迷惑をかけられている被害者だ」と信じこむことが物盗られ妄想につながることがあります。「迷惑をかけている存在」である自分の立場を、妄想によってバランスをとっているのですが、その結果、余計に迷惑をかけている、という皮肉な構図です。

このような場合は、お年寄りに簡単な家事分担を割り振って、「ありがとう。おかげで助かります」などと、はっきり言葉にして褒《ほ》めると、途端に妄想が落ち着いたりします。または、お年寄りが得意なことを介護者が教えてもらうのも効果的です。**本人のプライドを満たす関係づくりをすることで、物盗られ妄想が落ち着くことが多い**ので、ぜひ試してみてください。

本人が納得する対応を

私のお財布がまた盗まれた！
まぁ大変！
一緒に探しましょう
あ！こんなところにありましたよ！
ひどいことをする人がいるわねえ
本当にねえでも見つかってよかったですね
ブツブツ

Q24

人のものやお店の商品を盗んできてしまいます。

夫は2年前に前頭側頭型《ぜんとうそくとうがた》認知症と診断されました。記憶力は悪くなく、迷子にもならないのですが、行動にこだわりが強く、制止すると突然怒り出したりします。

困難はいろいろとありますが、最近特に困っているのが、近所のスーパーの商品を勝手に盗ってきてしまうことです。何度注意してもわかってもらえず、逆に怒り出してしまいます。いつか万引きで捕まるのではないかと不安な毎日です。

どのように伝えたら、盗むのをやめてくれますか。

叱っても効果はない
ただいま
お帰りなさい
チョコレート
あら！財布を持って行かなかったのに
そのチョコどうしたの？
ダメじゃないですか！
またお店から勝手に持ち出して！
なにーっ！これはワシのだ！
ふざけるなー！

A

ご主人は前頭側頭型認知症とのことで、アルツハイマー型とはだいぶ様子が異なることと思います。前頭側頭型認知症は非常に幅広い症状を引き起こす病気で、なかでも「状況の把握ができない」「興味があることに自制ができない」などが代表的です。

具体的には**反社会的行為だという自覚がないまま万引きをしてしまったり、感情の抑制がきかなくなるなど、さまざまな場面で場違いな行動をとってしまいます。**おそらくご主人も「これは万引きだ」とは気づかずに、偶然目の前にあった商品が気になってそのまま持ってきたのでしょう。この病気になると、それが商品なのか、他人のものなのか、自分のものなのか、という状況の把握ができないので、結果的に犯罪になってしまいます。
いずれにしてもご主人に悪気はないですし、万引きをしている自覚もないので、注意したり問いつめたりするのは逆効果です。感情の抑制がききづらい状況にある人が、本人にとっては理由のわからないことで怒られたとなると、激しい怒りや暴力につながりかねません。

では、このような反社会的行為にはどのように対応したらいいのでしょうか。

まずは、外出になるべく家族が付き添い、トラブルが起こらないように気を配ったり、行動範囲を把握しましょう。そして、**よく行く場所ではトラブルが起こる前にご主人の病気について事情を話し、連絡先を渡しておくことです。**たとえばよく行くスーパーの店長さんには病気のことを説明し、商品を盗んでしまったら連絡を入れてもらうようにしておいて、すぐに家族が代金を支払

◎対応法　常同行動による万引き

前頭側頭型認知症の人の特徴に「常同《じょうどう》行動」といって、毎日同じ行動をくり返すことが挙げられます。
なかには毎日同じコースを散歩して、同じお店で同じ商品を勝手に持ち帰る場合も多いものです。この場合はお店も商品も簡単に特定できます。診断書と顔写真を持参してお店に説明し、地域と連携しながら介護できるといいですね

ご迷惑おかけします
すぐにお返しします
何かありましたらこちらまでご連絡ください
連絡先

うようにします。なかには、ある程度のお金を前もって支払っている人もいます。

相談者の場合は病名がわかっているので説明もしやすいのですが、実は前頭側頭型認知症だと診断がついていない状態で万引きをしてしまい、警察沙汰になる場合も多いのです。中年から初老期にかけての時期に万引きで捕まった人の何割かは、前頭側頭型認知症だと考えられています。

前頭側頭型認知症は、周囲が気づいていれば「病気のために判断がつかない状態」とされますが、病気に気づいていなければ犯罪者になってしまう、非常に難しい病気なのです。

Q25

家にいるのに「帰る」と言って出て行きます。

母は3～4年前から認知症です。

最近は自宅にいるのに「そろそろ帰ります」などと言って出ていこうとします。母は結婚当初からこの自宅で暮らしていますし、施設に預けているわけでもないのに「帰る」と言うので、娘の私としては困惑しますし、正直悲しいです。

つい頭にきて「ここがお母さんの家でしょう!」と強く言ってしまいますが、こういう時はどう対応するのが正しいのかがわかりません。

否定は追いつめる
そろそろおいとましないと……
えっ
何言ってるの ここが家でしょ
いえ、帰らないと
変なこと言うわね ここがおばあちゃんの家だってば
……
子どもが待っているので帰らないと！
ダッ

A

施設に入居しているならまだしも、結婚当初から暮らしている家にいるのに「帰りたい」と言うのは、認知症が原因で昔に回帰しているにしても、奇妙に感じますよね。「もしかしたら幼少時代に暮らしていた家に帰りたいのかな」とも受け取れますが、おそらく幼少期の家に行っても、「帰りたい」と言い出すことでしょう。

女性は結婚前の10代の頃に回帰するか、子育て時代に回帰する人が多く見られます。一方、男性の場合、10代まで大幅に回帰する人は非常にまれです。**むしろ30～40代の働き盛りに回帰する人が多い**ので、「家に帰る」よりは「会社に行く」と言い出す人が多く見られます。

認知症のお年寄りが言う「帰る」「出勤する」というのは、「家」や「会社」という実体を求めているのではありません。それよりも**「我が家のように落ち着ける場所」「自分が自分らしくいられる場所」「自分が役に立ち、求められている場所」を指していることが多いようです。**

こういう時に「ここが家でしょう」とか、「行く会社なんてないでしょう」などと当たり前のことを言っても伝わりません。過去に回帰している本人は、自分は若いと信じていますから「閉じこめられた」と勘違いしたり、悪意で阻止されていると思いこむので、**まずは「本人の世界」を受け止めることが大切です。**

「帰りたい」と言うのであれば、「それは帰らないといけないね」と言って受け止めてあげましょう。本当に出ていきそうであれば、「もう1泊していってください」「せっかく来てくれたのだから、夕食は食べていってく

◎対応法 回帰しても悲しまないで

もう1泊していってくださいよ
だめ？じゃ、ちょっとそこまで送りますね

過去に回帰してしまうお年寄りは、今現在の年老いた自分を受け入れることができていません。
決して今一緒に暮らしている家族や家を拒否しているわけではなく、あくまで受け入れられないのは「ご自身の老い」なのです。
それが理解できれば、ご家族も心に余裕が持てると思います

ださい」といった声かけも有効です。**否定しないで気持ちに寄り添った声かけをしてあげるだけで落ち着く場合も多いので、試してみてください。**

どうしても外に出ていきそうな場合は、「ちょっとそこまで送りますね」などと言って一緒に少し散歩をするくらいの余裕を持てるといいでしょう。少し歩いたら、「そろそろ帰るか」などと言ってふつうに帰宅することもあります。回帰している人に対しては「その人の世界」を受け止めながら対応すれば、大きな軋轢《あつれき》やトラブルを回避できます。あまりに頻繁だと家族も疲れてしまいますが、余裕がある時は、相手の世界に寄り添ってあげるといいでしょう。

肯定すると落ち着く

そろそろおいとましないと……
えっ
何か用事ですか?
ええ子どもにごはんつくらないと
大変ですね献立を考えるのも一苦労ですよね
お子さんはおいくつ?
そうなのよね
息子は野球が上手でね今日も練習に……
あらいいですね

Q26

不安そうな様子でフラフラと歩きまわっていて困ります。

認知症の父が、最近フラフラと歩きまわるようになりました。基本的には家の中を不安そうに歩いているのですが、たまに外に出てウロウロするので心配です。

「何か探し物？」「座っていてよ」などと声をかけますが、あまり返事はしてくれません。

家の中をウロウロしているととても気になりますし、いつ外に出てしまうかと思うと目が離せないのですが、どうしたらいいでしょうか。

A

このお父様の場合は、「帰る」とか「会社に行きたい」という目的があっての徘徊とは違い、なんとなく歩きまわっているような印象を受けます。こういう不安そうにウロウロするタイプの徘徊には意外な原因が潜んでいる可能性があるので、生活全体を見直すことが大切です。

お年寄りが落ち着かなくなる原因には「便秘」「脱水」「発熱」などが挙げられます。なかでも**特に注意が必要なのが便秘です。**便秘は、徘徊だけでなく不眠や奇声、不穏などの原因にもなります。これまで排泄ケアに熱心に取り組んでいないのであれば、まずは便秘を疑うといいでしょう。

間違った対応をすると

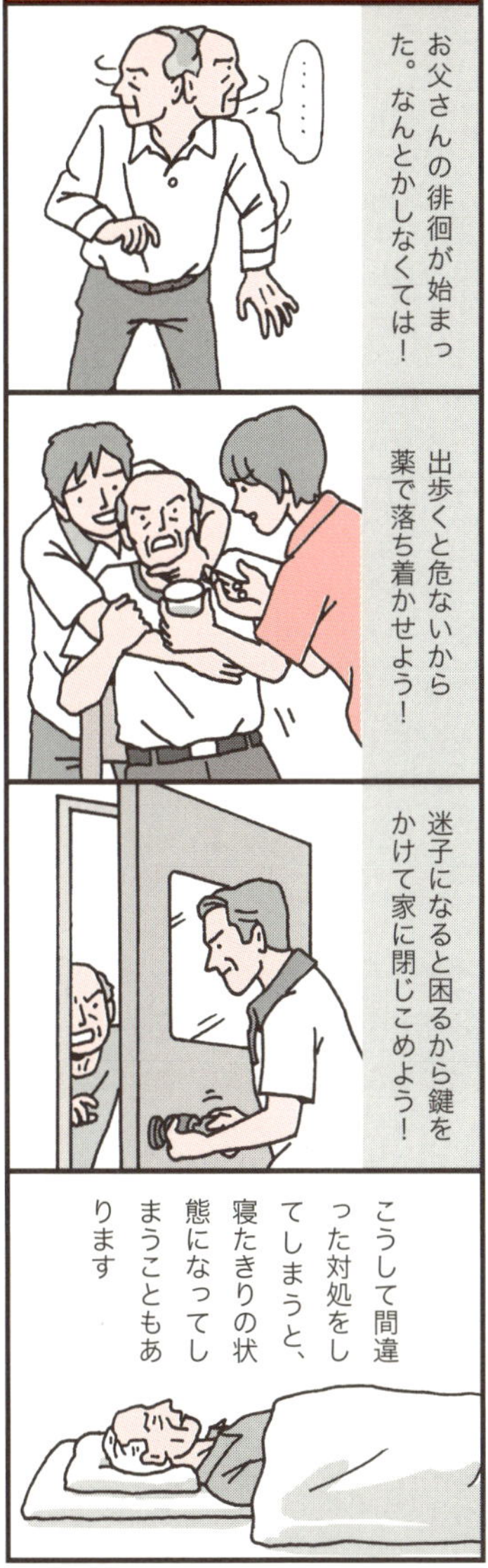
お父さんの徘徊が始まった。なんとかしなくては！
……
出歩くと危ないから薬で落ち着かせよう！
迷子になると困るから鍵をかけて家に閉じこめよう！
こうして間違った対処をしてしまうと、寝たきりの状態になってしまうこともあります人は便が直腸に送りこまれると便意を感じます。便意はリラックスしている時に感じやすいので、生理学的に言うと交感神経が働き始める朝食後が、もっとも排便反射が起こりやすいタイミングです。ですから、**朝食後は便意を感じていなくても便器に座ってもらうように習慣づけてみてください。**こうすることで便秘が大幅に改善されるはずです。それに伴って、徘徊も落ち着くかもしれません。

続いて注意していただきたいのが脱水です。高齢者の脱水はさまざまな問題行動を引き起こす原因となるのに、非常に気づきにくく、多くの場合は見落とされています。

脱水の見分け方は**「口の中が乾いていれば重症。わきの下を指で触ってみて、湿っていなければ脱水の始まり」**です。脱水の対策としては、スポーツドリンクなどの体に吸収されやすい飲み物を頻繁に飲んでもらいましょう。それだけで多くの場合は脱水を防ぐことができます。

徘徊しなくなったから見に来てください

ワンポイントアドバイス

「徘徊」で思い出す苦い体験

私が特別養護老人ホームで働いていた時に、徘徊が激しいお年寄りがいました。医者に相談したところ、入院することになったのです。
その後「徘徊しなくなったので見にきてください」と連絡がきたので見にいくと、薬ですっかり寝たきりになったお年寄りの姿がありました。
「こんなことになるなら、周りの人を多少困らせながらも元気に徘徊していたほうがあの人らしかった」と後悔したものですまた、発熱も徘徊を引き起こす原因の一つです。特に認知症のお年寄りの場合、微熱の時に不調を感じていてもうまく表現できなくて、その結果、徘徊することがあります。**あまり頻繁ではなく、時々おかしな徘徊をするという人であれば、発熱を疑って検温してみてください。**

認知症のお年寄りが不安そうに徘徊を始めた場合に確認すべき手順は、第一に便秘になっていないかのチェック、第二にわきの下を触って脱水になっていないかのチェック、第三に発熱していないかのチェックです。

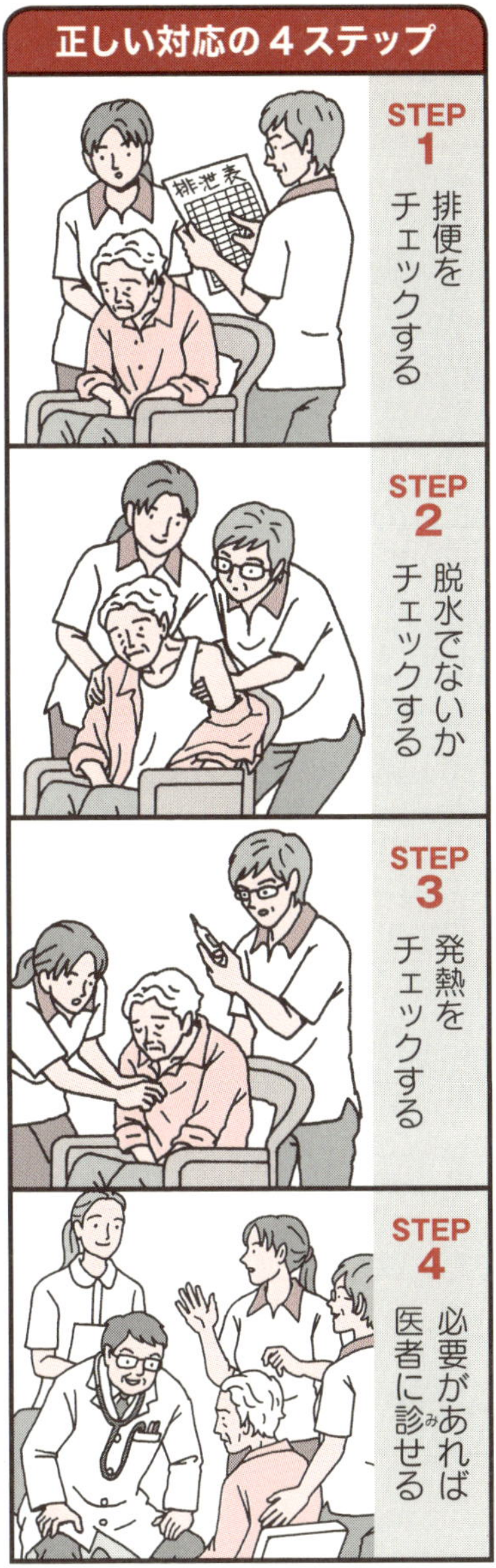
正しい対応の4ステップ
STEP 1
排便をチェックする
排泄表
STEP 2
脱水でないかチェックする
STEP 3
発熱をチェックする
STEP 4
必要があれば医者に診《み》せる

Q27

私が浮気をしていると言って怒ります。

夫は1年前に事故に遭って車イス生活になりました。それ以来、長期入院の影響なのか認知症のような状態です。

半年ほど前に退院してきてから、私が浮気をしていると言って怒るようになりました。少し買い物に行くだけで「男と会ってきたんだろう」と言っては怒鳴り散らし、お見舞いに来た親戚にも「妻が浮気している」と本気で言うのです。

あれだけ真剣に言うと信じる人もいると思いますし、本当に困っています。

正論は通じない

ただいま
おい！どこに行ってたんだ！
見てのとおり買い物ですけど
ウソをつけ！どうせ若い男と会ってきたんだろう！
そんなわけないでしょうバカなこと言わないでください！
なにぃ!?
ごまかすんじゃない!!
キャー

A

配偶者が他の異性と浮気をしていると思いこむというのは、認知症のお年寄りに多く見られる症状で、「嫉妬《しっと》妄想」と呼ばれています。**嫉妬妄想は激しい感情なので、もつれると暴力や暴言などに発展することも多く、注意が必要です。**

嫉妬妄想の原因は「強い不安感」だと考えられます。相談者の場合、ご主人は車イス生活になって行動が制限された状態です。一方の相談者は健康ですから、今までと変わらず毎日自由に行動しています。相談者はご主人の生活を全て知っているのに対して、ご主人は相談者のプライベートで知ることができない部分が生じ、それが不安感を煽《あお》って嫉妬妄想につながるのでしょう。

◎対応法　誤解を生まない努力を

○○さんのお宅にお届けものをしてから
××スーパーで買い物をしてきます
3時半には帰ってきますから

嫉妬妄想は人聞きが悪いので「周りの人たちが信じてしまったらどうしよう」という焦りが生まれることもあります。しかし、毎日ふつうに暮らしていれば、認知症でない人にはかならず理解してもらえるものです。しかし、念のために行動予定や帰宅時間を具体的に伝えたり、周囲の異性の話などは日頃から避けるようにしましょう

体が思うように動かなくなって、一方的に介護をされる情けない立場になってしまった屈辱感や、「見捨てられてしまったらどうしよう」という不安感も、嫉妬妄想に拍車をかけているのかもしれません。

いずれにしても、あまりにしつこいと「いい加減にしてください」とか、「そんなわけないでしょう」とその問題を切り捨てたくなりますが、本人は裏切られているのではないかと疑心暗鬼《ぎしんあんき》になっている状態です。そんな精神的に不安定な人に、突き放すような対応をすれば逆効果になってしまいます。

嫉妬妄想は、配偶者の愛情を疑って不安になっている状態です。**まずは「あなたを愛しているよ」と安心させてあげることと、「あなたを裏切らないよ」と誠意を伝えることを最優先に考えましょう。**

具体的には、外出をする時に行動予定や帰宅時間など

を具体的に伝えるといいでしょう。また、日頃からスキンシップや親密な会話を増やすように心がけましょう。

それと同時に、**ご主人だけの生活空間をつくってあげるのが有効です。**たとえばデイサービスやショートステイを利用したり、ヘルパーさんが来ている時間を買い物に充《あ》てることで、ご主人とヘルパーさん2人だけの時間をつくったりします。そして施設の優しいスタッフや、ヘルパーさんとの時間を羨《うらや》ましがってみせたり、少し心配そうにしてみせたりすれば、ご主人も愛されているという実感を得やすいことでしょう。

立場を合わせる

ただいま
おい！どこに行ってたんだ！
スーパーZ
郵便局とスーパーに歩いて行ってちょうど1時間ですよ
どうせまた若い男と会ってきたんだろう
違いますよ そういうあなただって今度のボランティアさんは若くて優しくていいですね
おまえもつまらんこと言うなあ
お互いさまですね

Q28

ないものが見えると言って騒ぐので不気味です。

我が家から徒歩5分の場所で一人暮らしをしている姑について相談です。

最近になって頻繁に電話をしてきては、「変な虫がいっぱいいる」とか、「あなたが血だらけで立っている」などと不気味なことを言うようになりました。様子を見に行くと、何もないところで一人で怯《おび》えていたり、落ち着いていたりとさまざまです。

いったいどうしたらいいのでしょうか。

A

お姑さんのように見えないものが見えることを「幻視《げんし》」と言います。認知症のお年寄りにまれに現れる症状で、**特にレビー小体型《しょうたいがた》認知症の代表的な症状の一つです。**なかには幻視だけでなく、おかしな音や声が聞こえる「幻聴《げんちょう》」がある人もいます。

幻視の内容は人によってそれぞれです。「空から馬が落ちてくる」と言う人もいますし、「布団の上に落ち武者が座っている」と怯える人もいます。傍《はた》から見ると少々不気味ですし、それまでしっかりしていた家族がおかしなことを言い出すと、「しっかりしてくれ」「そんなものいるわけがないでしょう」と、つい否定してしまいがちです。

たしかに異様ですが……
虫が
虫を追い払っておくれ
また始まった
ギャ
虫はいやだ！いやだよー！
うるさいなあ
ほらこの子にもお茶を出してあげて
チクタク
時計……
何をしているのよ早くして！
チクタク

◎対応法　傾向と対策を分析しよう

そりゃあ大変！
すぐに追い出そう

幻視は周りから見ると奇妙ですが、基本的には共感する立場で接してあげましょう。そうすることで、精神的に落ち着かせることが目的です。
幻視は体調や環境と関連することが多いので、「夕方に多い」などの傾向が摑めることもあります。その場合は夕方になる前に電気をつけるなど、傾向に合わせた対策を立てましょう

しかし**幻視は否定されても見えなくなるわけではありません。本人にとっては実際に見えている**ので、否定されても納得できないものです。

通常の人の「画びょうの跡が虫に見えた」というような見間違いであれば、「虫なんていないよ。それは画びょうの跡だよ」と言われることで冷静になり、虫ではないとすぐにわかります。しかし幻視の場合はそういう種類のものではなく、「それは画びょうの跡だよ」と説明されてから何度見返しても、やはり虫にしか見えないのです。症状の軽い人は、「周りのみんなが驚いていないから、やっぱり虫ではないのかな」という状況判断ができるかもしれません。しかし、**それが幻視である以上は、「虫ではない」と納得してもなお、そこにはっきりと虫が見えているのです。**

幻視が出た場合、本人が怯えているようだったら、一

緒に追い払う真似をしたり、手をにぎったり、肩を抱いたりして安心させてあげましょう。「何言っているの。違うよ」などと、**幻視を否定して気づかせようとするのではなく、「本人にとってはそこに見えるんだ」という理解をもって対応することが大切です。**

また、楽しそうな幻視であっても、周りはつい「それは幻視だ」とわからせてあげたくなりますが、**本人が楽しそうなのであれば、あまり気にせずに話を合わせてあげましょう。**幻視を見る人は精神的に消耗しがちなので、楽しそうな時くらいは混乱させずに見守ってあげるだけの余裕がほしいものです。

話を合わせることで解決

Q29

家族を見ても誰だかわからなかったり、間違えたりします。

私はアルツハイマー型認知症の妻と2人暮らしです。月に2度くらいのペースで娘一家が遊びに来てくれますが、妻は娘のことも、孫のことも誰だかわかっていないように思います。娘に対しても、ヘルパーさんに対するのと同じ態度です。「娘の○子だぞ？　わかるか？」と聞くと、黙りこんでしまいます。

妻はもう家族のことを忘れてしまったのでしょうか。

A

認知症とはいえ、お母様にはっきりと「娘だ」と認識してもらえないのは、娘さんとしても切ないことでしょう。なかには、主介護者（この場合はご主人）が誰だかわからなくなってしまい、介護者が大きな虚しさを感じることもあります。**「家族を忘れるなんて大変なことだ」と思われるかもしれませんが、これも物忘れの一種で、認知症ではよくある症状の一つです。**

認知症を発症すると、まずは孫の区別を間違えるなど、遠い人間関係から混乱が生じます。娘や配偶者を忘れたり、間違えたりするようになると、かなり深い認知症と言えるでしょう。

否定は追いつめる

この段階まで来れば初期の頃とは違い、家族も認知症であることをすっかり受け入れています。しかし、それでもたくさんの思い出を共有してきた家族に自分を認識してもらえないというのは、つらく、切ないものです。

そこで、なんとか自分を思い出してもらおうと、多くの場合は必死に説明をしてしまいます。しかし深い認知症の人は、説明されても思い出すことは難しいものです。むしろ「自分は何もわからないんだ」という無力感だけを実感することになってしまうので、あまりおすすめできません。認知症がこの段階に来た場合は、**正確に「誰だ」と認識してもらえなくても、親しい間柄で落ち着ける相手だという認識を持ってもらえるだけで十分だと思うことが大切です。**

一方で、もう少し認知症が浅い段階の時に、試すような質問をする人を見かけますが、これはやめましょう。たとえば認知症のお年寄りに「この人が誰だかわかる?」「私のこと、

◎対応法　せっかくの時間を楽しんで

じゃあ 今は 私が
死んだおじいちゃん役で
僕がお父さんの役
みたいだね

誰かと間違えられているようであれば、その人になったつもりで会話をしてあげるくらいの余裕があるとなおいいでしょう。
正しく認識してもらうよりも、楽しく会話をする時間を重視したほうが、お互いにとって有意義に過ごせます。間違えていたとしても、家族には必ず親しみと愛情を感じているものです

覚えている？」などと聞くような行為です。こうした試し行為は、もしわからなかったら恥ずかしい思いをしますし、本人なりに申し訳ないと思ってしまいます。逆にわかる場合は、「バカにされている」と感じるものです。ですから、**心配な場合は、「孫の○○さんが来てくれたよ」「お久しぶりです。○○です。ごぶさたしています」などと、先に教えるようにしましょう。**

また、お年寄りに年齢を聞きたい場合は、生年月日を聞くとよいでしょう。年齢は毎年変わるものですからわかりにくくなります。その点、生年月日は一生変わらないので、年齢を確認する場合は生年月日がおすすめです。

肯定すると落ち着く
どなたでしょうか？
息子の○男だよ
妻の○美です
あらそうごめんなさいね
久しぶりだね
ごぶさたしてます
ねえお母さん
あ、はい
なんですか
お母さんのお茶はおいしいね
まあ！ありがとう

Q30

突然とんでもないものを食べ出してびっくりさせられます。

現在88歳の母は、80歳を越えた頃から認知症です。そんな母が、最近とんでもないものを突然食べるので困っています。ちょっと目を離した隙にティッシュを食べていたり、オムツを食べようとしていたこともあります。

いったい、どうしてそんな変なものを食べるのでしょうか。

そして、どうしたらやめてくれるでしょうか。

A

食べ物ではないものを食べることを「異《い》食《しょく》」と呼びます。異食は、深い認知症のお年寄りにまれに見られる症状ですが、その光景は周囲の人たちに大きな衝撃を与えるものです。いったいどうして異食が起きてしまうのでしょうか。

まず、認知症のお年寄りは**「食べ物と間違えて食べてしまう」というタイプの異食**が多く見られます。これは単なる間違いですので、食べ物と間違えやすいものは身近に置かないように気を付けたり、何かほかの食べ物と取り換えてあげるといいでしょう。

安易に薬に頼ると危険

お母さんがタオルを食べてる
モグモグ
何してるの！やめてよ！
あっ
お母さんが変なことをするからお薬を出してもらいました！
飲んでね！
薬
変な行動をしなくなったのはいいけどすっかり寝たきりになっちゃったな……

食べ物と間違えてしまう人の中には、満腹中枢《まんぷくちゅうすう》が何かしらの障害を受けて、とにかくお腹が空いている状態の人もいます。その場合は異食が起こらないように、なるべく食べるのに時間がかかるスルメやメザシ、アメや昆布などを渡すといいでしょう。

一方で、食べ物と間違えたわけでもないのに、何でもかんでも口に入れてしまうタイプの異食もあります。これは非常に深い認知症の人や、前頭側頭型認知症の人にまれに見られる症状です。

介護の立場では、老いや認知症を「人が生き物へと回帰していく現象」ととらえます。つまり、**認知症が深まると、赤ん坊の頃に戻るというとらえ方です。**赤ん坊は、1歳を過ぎるころまで、目についたものを何でも口に運びます。まだ感覚器官が発達していない段階にある赤ん坊は、舌で舐《な》めることでその形状や感触を確かめているのです。この舌で物の認

◎対応法　スキンシップの効果

異食が見られたら、添い寝をしたり、抱きしめるなどのスキンシップを増やしてみてください。
最初は気恥ずかしく感じられますが、スキンシップの効果は絶大です。薬と違って副作用もなく、母性を肌で感じて落ち着くことができる素晴らしい特効薬といえます

識をする時期のことを「口唇期《こうしんき》」と呼びます。**認知症のお年寄りも、感覚が衰えてくると口唇期まで回帰することがあり、これが何でも口に入れるタイプの異食につながるのです。**

異食が起こった場合は、食べ物を与えたり食べてはいけないものを排除するだけでなく、**添い寝をするなどスキンシップを増やすことが大切です。**深い認知症のお年寄りは、母性を求めることがわかっています。ですから、赤ん坊の頃の母子関係のようにスキンシップを増やして、温かくて安心できる生活を心がけると、異食も落ち着いてくることが多いようです。

食べ物と置き換えてあげよう

お母さんがタオルを食べてる
モグモグ
こっちのほうがおいしいよ
はい タオルちょうだい
するめ
1週間後
あれ? 口さびしい?
だったらアメどうぞ
1カ月後
あれ? 最近タオルを食べなくなったな
するめ

Q31

お嫁さんに卑猥なことを言うので困っています。

私の父は数年前から認知症で、母は腰が悪いため、私の妻が介護をしてくれています。

最近妻に相談されて知ったのですが、どうやら父は卑猥《ひわい》な言動をとることがあるようです。妻にトイレを介助してもらう時に卑猥なことを言ったり、妻のお尻を触ったりするそうで、私としては、母にも妻にも申し訳なく、恥ずかしく思います。

どう対処したらいいのでしょうか。

A

これは正直なところ、在宅介護では非常に難しい問題です。

認知症のお年寄りが周囲に卑猥な言葉を発したり、介護者に性的な接触をすることを、介護の世界では「性的異常言動」と呼びます。これは認知症のお年寄りにまれに見られる症状で、介護施設などでも散見される問題です。

質問を見る限り、お父様は元気だった頃には、このような性的な問題は起こしていないと思います。ですから、お父様の性格に問題があるのではなく、**認知症が原因で大脳の「抑制」を司《つかさど》る部分が障害されてしまったことで、性的異常言動が生じているのでしょう。**

うまく流せるプロを頼る
まじめなお嫁さん
○○ちゃ～ん
キャーッ
誇り
もうイヤ！こんな生活たえられない！
施設のベテラン介護士さん
○○さ～ん
あら××さん
まったくしょうがないじーさんだね！
早く食堂行きなよ
ハッハッハッ

女性のお年寄りが、男性介護者に対して性的異常言動を起こすこともあります。これももちろん、男性介護者にとっては大きな苦痛です。しかし男性介護者の場合は、「誇りがひどく傷つけられた」というほど深刻な訴えはあまり見かけません。しかし、男性のお年寄りが女性介護者に対して卑猥な言動をすると、これは**女性介護者の人権や尊厳にも関わる大きな問題です。**奥様が相談者に打ち明けたということは、おそらく非常に悩まれていることと思います。

脳の障害による性的異常言動は、残念ながらコントロールすることは非常に困難です。ほかに関心が移ることで改善する例もまれにありますが、あまり期待はできません。

介護者の中には性的なことに寛容な女性介護者もいるので、本人が気にせずに受け流せるならそれがいちばんいいのですが、逆に嫌悪感を抱いている場合は決して見過ごせない問題です。奥様はお父様の介護からなるべく離れて、今後は

◎対応法　人間が根源的に求める「母」と「異性」

赤ちゃんの時期に全面的に受け入れて、安心感を与えてくれる存在がお母さんです。
青年期になった自分を受け止め、居場所を築いてくれる役割は異性が担います。
その結果、深い認知症になったお年寄りが根源的に求めるのが「母」や「異性」なのです。性的異常言動は、不安で仕方ないお年寄りの人恋しさの表れです

お母様と相談者が中心になって介護をしていくことになると思います。ケアマネジャーに相談して訪問介護やデイサービスを増やしてもらうなど、**なるべく介護のプロに頼ることを検討するといいでしょう。**

ショートステイやデイサービスなどの介護施設にはたくさんの介護士がいますから、その中で性的なことに寛容な介護士が上手に相手をすると満足してくれたりします。

性的異常言動は、配偶者以外で関係が近しい家族ほど嫌悪感が強く、つらいものです。なるべく配偶者か、もしくはプロの介護職の人に受け止めてもらえるようにしましょう。

もともとの性格の人も……

施設の会議
○○室の××さん女性職員の体を触ったり求婚したりして困っています
入居して3ヵ月人恋しいのかな?
?
脳の障害はないものねえ
あのー××さんのご家族がいらした時に聞いてみたんですけど
××さん若い時から極度のスケベだったそうです
ズコッ

コラム❹

入院しなければならなくなった時の注意点

「入院したら認知症になってしまった」「入院して認知症が深くなってしまった」という話はよく聞きます。

入院というのは大変な環境の変化で、それは認知症の人だけでなく、高齢者にとっては大きなストレスです。

私たちは認知症を、「老いに伴う人間的反応」というとらえ方をしてきました。つまり、「老い」という自分の内側からの変化にどう適応していくのかが問われているのが高齢者であり、その不適応として認知症を見るのです。

自分自身の「老い」という変化に適応することだけで精一杯のところに、環境までが劇的に変化してしまったのでは、適応力に限界が来てしまうのでしょう。

だから、私が提案している「認知症ケア7原則」の1番めは「環境を変えない」です。つまり、入院なんかしないのがいちばんいいのです。

でも、どうしても入院せざるをえない場合はどうすべきでしょうか。

「7原則」の2番めは「生活習慣を変えない」、3番めは「人間関係を変えない」です。つまり、環境を変えざるをえない時ほど、生活習慣と人間関係を継続しなければなりません。それらによって、「自分は自分である」ことを確認できるのですから。

簡単で効果的なやり方を一つ。私物をベッド回りに置きましょう。思い出の品や家族の写真がいいでしょう。私物はもっとも身近なアイデンティティ確認のための道具です。

第5章 その他困った行動への対応

Q32

早く死にたいと言うので、こちらも暗い気持ちになります。

認知症の母を介護し始めて今年で5年めです。最近になって母は、頻繁に「早く死にたい」「私にもお迎えが来ないかしら」「こんなふうに生きていても仕方ない」などと言います。

私は必死に介護しているのに、「死にたい」と言われてしまうのは正直つらいです。

対応としては「バカなこと言わないでよ」などと言って流していますが、これでいいのかわかりません。

いったい、どのように対応したらいいのでしょうか。

A

一生懸命に介護をしているのに、「死にたい」などと極端にネガティブなことを言われると、この生活がそんなにイヤなのかと感じてしまって、介護者としては悲しいものです。本人はそんなつもりがなくても、「これだけやっているのにそんなことを言うなんて、いったい何がそんなに不満なのだろうか」と、自分の存在や介護を否定された気持ちになってしまいます。

そうでなくても、ネガティブな発言を聞くというのは精神力がいるものです。つい「いい加減にしてよ」「こっちまで暗くなるからやめてよ」などと言って、切り上げたくなってしまいます。

しかし、**本人は「死にたい」と言うほどに自分自身の現状を思いつめているのです。**軽くあしらったり、切り捨てたりすると、愚痴をこぼすという逃げ

私にも早くお迎えが来てくれないかねえ
こんなんじゃ生きていたって仕方がないよ……

本人の気持ち
大切な人に先立たれた悲しみで言ってしまう
あなた……

本人の気持ち
つらさを「死にたい」という言葉で訴えている

道をも塞《ふさ》いでしまうことになりかねません。
ではいったい、どうしてこのようなネガティブな発言になってしまうのでしょうか。

まず考えられる原因としては、認知症によって語彙力《ごいりょく》が衰え、「つらい」という気持ちを「死にたい」と言ってしまうことが考えられます。直接的な自殺願望というよりは、やるせなさや焦燥感《しょうそうかん》でいっぱいになっているパターンです。たとえば身体的に思うようにいかないことを痛感していたり、認知症で理解力が落ちていることに気づいて絶望しているタイプなどがこれに当てはまります。

このように自己評価が低くて思いつめているタイプの人には、**「それでもあなたは大切な家族の一員だよ」「あなたがいてくれるだけで嬉しいよ」というメッセージを根気強く伝えることが大切です。**なるべく一緒に活動する時間を増やし、「死にたい」と言い出したら、その都度「あなた

◎対応法

一緒にいる時間を増やす

◎対応法

よく話を聞いてあげる

は大切な家族だから、あなたが死んだら私は悲しいよ」と伝えるようにしましょう。

一方、配偶者やきょうだい、お友達などに先立たれた寂しさから、「死にたい」「みんなのところに行きたい」という発言につながる場合もあります。

これは大切な人を失った悲しみから立ち直る途中段階ですので、心の回復を促《うなが》してあげることが大切です。このタイプの場合は、**亡くなった大切な人の話を積極的に聞いてあげましょう。**

なかには「亡くなった人のことを思い出すと、暗い気持ちになってしまってかわいそうだから」と気遣って、腫《は》れ物に触るような態度になる人もいるでしょう。しかし、大切な人のことを思い出して、**亡くなった事実と向き合って悲しみを吐き出したほうが心は回復しやすくなるものです。**ぜひ、話を聞いてあげるようにしましょう。

Q33

同じことをくり返し言います。

近所で一人暮らしをしている父が、２年前から認知症です。昔からそう仲のいい父娘関係ではありませんでしたが、最近は父を介護しているとイライラすることが増えました。

特にイライラするのが、同じことを何回も言うことです。言ったばかりのことをくり返すことが多く、「もう聞いた」と言っても、またすぐに同じ話をします。

どうしたらやめてくれるでしょうか。

A

年を重ねると誰もが、つい何度も同じ話をくり返すものです。認知症のお年寄りになると、それがより顕著《けんちょ》に表れます。

そもそも認知症とは、過去のことは鮮明に覚えているのに対して、最近の記憶が保てないことが特徴です。これが影響して、**「過去の経験や武勇伝は鮮明に覚えているのに、最近相手に話した事実はすっかり忘れてしまい、その結果、何度も同じ話をしてしまう」**という事態が起こります。

排泄の失敗や徘徊などと比べると、あまり実害はないように感じますが、毎日何度も続くと介護者に大きなストレスを与えるのが、この「くり返し」です。

最初のうちは誰もがそれなりに話を聞いてくれます。しかし、それが5回、6回とくり返されると、つい「その話はもう聞きました」「またその話ですか？

昔は白いお米はなかなか食べられなくて芋をふかして……
昔はな白いお米は貴重だったんだぞ
うちもよく芋をふかして……
今は毎日白いお米を食べているが昔は白いお米なんかなかなか食べられなくて、芋を……

本人の気持ち
自分が輝いていた頃の話をしたくて仕方がない

本人の気持ち
心配で仕方がないので何度も確認してしまう
なあ、同窓会なんだけど
同窓会はいつだっけ

いい加減にしてください」などと冷たくあしらいたくなるものです。どうせすぐに忘れるから、これくらいきつく言っても大丈夫だろうと思ってしまいます。

しかし不思議なことに、最近の記憶が保てないはずの認知症のお年寄りも、「邪険にされた」「大切にされていない」という不満の感情は蓄積されていくことが多いのです。**あまり負の感情が蓄積すると、怒りやすくなるなどの新しい問題が起こることもありますので、時間がある時は笑顔で付き合ってあげましょう。**

そして、忙しい時もただ断るのではなく、「これをやらなきゃいけないから」などの事情をしっかり伝えて、「またあとで聞かせてください」などのフォローの言葉を添えるようにするといいでしょう。

また、介護に携わる人数が少ないと、一人の人が何度も同じ話を聞くことになってしまいます。ヘルパーやデイ

◎対応法
忙しくても流さず、事情を話して断る
今どうしても○○をしなくちゃいけないの
またあとで聞かせてくださいね

◎対応法
５分だけ、などと区切りをつけてしっかりと聞く
そうなんですか
それはすごいことですね

サービスを利用したり、親戚と頻繁に交流を持つなどしてお父様と関わる人の数を増やせば、聞く人がばらけるので相談者の負担を減らすことができるでしょう。

介護者がイライラしやすくなっている状態は、介護が閉鎖的になっている可能性もあります。もっと使える制度はないか、助けてもらえる人はいないかなど、ケアマネジャーに相談してみるといいでしょう。

一方で、過去の武勇伝ではなく、確認のために何度も同じことを聞くタイプの人もいます。

何度も何度も同じ質問をされるのも、忙しい介護者にとっては案外大変です。しかし、**「この人はそれだけ気になっているんだ」と受け止めて、なるべくその都度答えてあげましょう。**

もしくはホワイトボードなどを用意して、何度も聞かれることは大きな字で書いておくのも有効です。

Q34

突然怒り出して、手がつけられなくなってしまいます。

去年から夫の様子がおかしくなりはじめ、3ヵ月前に認知症と診断されました。

私たち家族がいちばん困っているのは、夫が突然怒り出して、手がつけられなくなってしまうことです。本当にささいなことで怒り出し、そうなるともう何を説明しても聞き入れてくれません。あんなに怒られると、家族はとても苦痛です。

いったい、どうしたら認知症の人の怒りっぽさを治せますか。

A

認知症の影響で性格に変化が出ることはよくあります。なかでも介護者を悩ませるのが怒りっぽくなってしまう人です。突然怒られるのは理不尽ですし、恐怖も感じますから、介護者にとって大きなストレスになります。

では、怒りやすくなってしまうタイプの認知症の人は、いったい何に対して怒っているのでしょうか。

多くの人は「何もないのに怒っている」とか、「介護者や介護内容に対して不満で怒っている」と思います。しかし本人が怒っているのは、**実は自分自身の不甲斐なさに対してであることが多いのです。**

認知症のお年寄りの中には、一定の割合で「以前とは違い、認知症になってしまった不甲斐ない自分に対して葛藤している人」がいます。**老いて、理解力も落ちてきている自分自身を受け入れることができずに、苦しんでいるのです。**

そういうお年寄りは往々にしてプライドが高い性格の人が多いので、介護者はありがたい存在でありながら、同時に煩わしい存在にもなります。介護者は身近で見ているので、自分の失敗やできない部分を熟知し、見透かされている気がするのでしょう。そのため、家族としての甘えも加わって八つ当たりしやすい存在になります。

家族は関係が深いので、怒られたりするとつい言い返したり、怒りのあまり無視してしまったりしますが、**本人のプライドを傷つける対応は逆効果です。**本人はただでさえ自分の不甲斐なさに対して葛藤しているので、そこでプライドを傷つけられたと思ったら余計に怒りやすくなってしまいます。

このような場合は、**「あなたは役に立つ存在ですよ」と伝えることが効果的です。**

本人の気持ち
老いた自分を受け入れられずに葛藤している
こんなハズじゃないのに……

本人の気持ち
脳の障害によって、感情をどうにも制御できない
不信
不満

たとえば「食事前にテーブルをふく係」「新聞を取ってくる係」など、**生活の中で簡単な役割を持ってもらいます。そして「いつもありがとう。おかげで助かります」とその都度感謝する**と、本人の葛藤が和らいで落ち着くことが多いようです。

家族が認知症になると、つい「もうできないだろう」とか「私がやったほうが正確で速い」などの理由で、認知症の人の役割を無意識に取り上げてしまうことがあります。実際に家族がやったほうが正確で速いかもしれませんが、そんなことは問題ではありません。**認知症になっても誰かに頼られたい、人の役に立ちたいと思うのは、人として当たり前のことです。**

必要とされない人生はつらいものだと理解して、たとえ余計な仕事が増えるとしても、認知症のお年寄りに意識的に役割を持ってもらうようにしましょう。

◎対応法

役割を持ってもらい、感謝する

◎対応法

病気だと割り切って、本人の言い分をよく聞く

Q35

家族や介護者に暴力をふるうので困り果てています。

アルツハイマー型認知症の舅について相談です。

昔はそんな人格ではなかったのですが、認知症が深まったのか、最近は非常に暴力的になってしまいました。「バカにするな」などと言ってささいなことで怒り出し、嫁である私やヘルパーさんに暴力をふるうのです。一度大きな暴力沙汰があって、デイサービスの利用を断られてしまいました。このままではヘルパーさんも利用できなくなりそうです。

私はもう限界ですし、困り果てています。

A

お嫁さんの立場で、男性であるお舅さんからの暴力があるということで、非常につらいことと思います。大きな怪我などはありませんでしょうか。

認知症のお年寄りに暴力をふるわれた場合の基本方針としては、言葉や力でまともに応戦してはいけません。**まずは逃げて、身の安全を確保することが大切です。**身の安全を確保したら、**お互いが冷静になるまで時間をおきます。**家に戻る時は、家族や友人などの第三者がいてくれると被介護者が落ち着きやすくなるので、**誰かに付いてきてもらうのが理想的です。**急場は逃げることでしのいで、どうして暴力に発展したのかはあとで考えます。

暴力をふるうタイプの認知症の人の多くは、自分の現状に葛藤している人です。プライドが高い人が多いので、行動を制限したり、子ども扱いをするなどのプライドを傷つけるようなことはなかったかを考えてみましょう。

こういう人は怒りやすい人と同じで、何か簡単な役割を持つと落ち着く人が多いようです。

また、**アリセプトなどの興奮作用がある薬を服用していないかを確認しましょう。**認知症の薬の中には、まれに副作用で怒りっぽさや暴力を引き起こすものがあるので、飲んでいる薬と、その副作用を確認することも大切です。薬の服用をやめた途端に性格が嘘のように穏やかになった、という話は数多くあります。医師に処方されたからとそのまま服用するのではなく、**薬の副作用が原因で問題だと思われる行動が現れることもあると知っておくことが大切です。**

力で抑えこむと……
わっ
うがー
やめろよっ
ガシッ
うわっ！
なんだ!?
ブンッ
ギャー
ブンッ
力で抑えこむと、
怒りがエスカレート
してしまいます

その一方で、脳血管性認知症の人や前頭側頭型認知症の人で、脳へのダメージによって感情のコントロールができない人もいます。こういう人の場合は**通常の認知症とは違って脳の障害ですので、手厚く介護することで暴力を抑えるというのは非常に難しいものです。**家族で介護をしていくのであれば、医者に相談して落ち着かせる薬を処方してもらう必要があるかもしれません。その場合は、**なるべく弱い薬を少量処方してもらうことが大切です。**薬が効きすぎると、怒らなくなる代わりに何もわからなくなり、寝たきりになってしまうこともあります。

認知症であっても大切な家族です。過度に抑えこむことは避けましょう。

とりあえず逃げる

まずは逃げて安全の確保を第一にします。時間をおいて、第三者を交えて戻ると安心です

Q36

いつも文句や悪口ばかり言っています。

同居の姑の物忘れが去年から激しくなり、言動がおかしくなりました。認知症だと思うのですが、困ったことにご近所さんや親戚に、嫁である私の悪口を言いふらすようになったのです。それも「嫁が私の分だけごはんをつくらない」などという事実無根の嘘ばかりですが、真に受けたご近所さんからきつく怒られてしまいました。

みんなは姑が認知症とは気づいていないのですが、こんな時、私はどう対処したらいいのでしょうか。

A

お姑さんは事実無根の嘘をつきながら相談者の悪口を言うとのことですので、認知症の代表的な症状の一つである「作《さく》話《わ》」が出ているようですね。作話をする認知症の人には、多くの介護者が心を痛め、頭を悩ませており、本当につらいこととお察しします。

作話の原理は「物盗られ妄想」と同じで、**認知症によって抜け落ちた記憶を、自分に都合のいいようにつくってしまうことによって起こる事実誤認です。**本人は、自分がつくり上げた都合のいい解釈を事実だと思いこんでしまいます。

作話をしている段階の認知症の人はまだ元気ですので、認知症をよく知らない周囲の人は作話と気づかずに悪口を信じてしまうものです。認知症が深くなってくればつじつまが合わなくなってくるので、多くの誤解はいずれ解けます。

うちの嫁は
私にごはん
つくってくれ
ないのよ
だからいつも
私だけ自分の
分をつくってね……
……
お母さん、ごはん
できましたよ

本人の気持ち
認知症で状況判断ができず、悪気なく言っている
あなた病気悪いんだって？
死んじゃうの？

本人の気持ち
自分の失態を正当化するために作話し、それが悪口になる
家族全員で私を無視する
ペラ
ペラ

しかし、その「いずれ」を黙って待つのは介護者にとって非常につらく、難しいことです。当然、本人に間違いを指摘し、訂正してもらいたいと考えます。

ところが、訂正してもらえるどころか、本人は自分の認識が事実だと思いこんでいるので、不当に責められていると感じて反発を強めてしまうことになりかねないので注意が必要です。

目の前で誰かに作話をしていた場合、**その場ではやんわりと否定するに留めて、あとで本人がいないところで相手に事実を伝えるようにしましょう。**また、ご近所さんに対しては相談者だけでなく、ご主人や家族などの事実関係を知っている人を複数連れて、あらためて説明しにいくといいでしょう。日頃からお姑さんと関わりのある人たちに、認知症の理解を深めてもらえるとあとで何かと助かるので、しっかりと説明するようにしましょう。

◎対応法
その場では強く否定せず、
あとで訂正する
あらあら～
ちょっと
違うよねー

◎対応法
認知症について説明し、
家族が代わりに謝る
失礼なことを
申しまして

また、認知症の影響で**状況判断をする力が衰えてしまい、「言ってよいこと」と「言ってはいけないこと」の区別がつかなくなったことが原因で、悪口や失礼なことを言ってしまう人がいる**のですが、これも難しい問題です。

このタイプの人は、病気の人に対して「あなたは死ぬの？」と聞いてしまうなど、相手が傷つく発言をしてしまうので、家族としては非常に困ります。とにかくすぐに本人に謝らせたいと思うでしょうが、本人は状況判断をする能力が低下していますから、自分が悪いことをしたという自覚がないのです。そんな人に謝らせようとしても、「なぜ自分が責められるのか」と不満に思ってしまいます。

この場合もやはり、**その場ではやんわりと否定するに留めて、あとで本人がいないところで家族が認知症の説明をしながら謝るといいでしょう。**

Q37

声をかけても返事をしてくれません。

脳血管性認知症の母を介護し始めて、今年で10年を迎えます。私は母ととても仲がよかったので介護自体は苦にならないのですが、最近になって母が声をかけても返事をしてくれなくなってしまい、悲しいです。元々無口な人ですが、どんどん反応が鈍くなっているように感じます。

返事をしてくれない人を相手に介護をする時は、どのようなことを心がけたらいいのでしょうか。

A

話しかけた相手が返事をしてくれないと悲しいものです。たしかに認知症が深まると、話しかけても返事をしなくなる人がいます。いったい、どうして返事をしなくなってしまうのでしょうか。これにはいくつかの可能性が考えられます。

まず考えられるのは、若い人たちの話すテンポについていけず、**会話の内容がわからないので返事ができないというタイプ**です。このタイプの場合、本人はすっかり諦めてしまっていて、会話をする気力自体が落ちていることもあります。

対応策としては話題を選んだり、会話のテンポをお年寄りに合わせてゆっくりと話し、返事も根気よく待つ姿勢を見せることです。**会話は脳の活性化に非常に有効ですし、会話量が増えると気持ちも元気になるので、なるべく本人の言葉が出やすいように、意識してゆっくりと話すようにしましょう。**

本人の気持ち
介護者に対して遠慮していて
無口になってしまう
忙しそうだなぁ

本人の気持ち
会話が聞こえなかったり理解
できなくて話せない
?
?

次に考えられる原因は「気づかれていない〝難聴〟」です。お年寄りの聴力は徐々に衰えていくので、意外と家族は気がつかないことがあります。

この場合は**補聴器を利用することで改善することが多いので、難聴が疑われる場合は一度耳鼻科の診察を受けるといいでしょう。**

それ以外には、認知症が深まった結果、何をどう返事したらいいのか判断がつかなくなっていることが考えられます。ここまで認知症が深まっていると、劇的な回復を望むのは難しいのが実情です。この場合、介護者が全ての判断をすることになります。

そうなった時に心がけていただきたいのは、**「本当は本人が決めるべきことだ」という意識を持ってケアをする**ことです。

具体的には「今日は暖かいので、散歩に行きません

◎対応法

話しやすい雰囲気をつくる

◎対応法

補聴器を利用する

か？」「そろそろ夕飯にしましょう」など、一つひとつ本人に対して確認をとるような気持ちで、意識的に声かけをするようにしましょう。

また、声かけの時に笑顔で接することも非常に大切です。笑顔は、認知症になってもよく認識できる表情とされています。**笑顔で接すると、「温かい」「幸せ」という情報が伝わって、本人の気持ちも落ち着きます。**たとえ深い認知症でも、本人を尊重し大切にしている雰囲気は、かならず本人にも伝わります。

それとは逆に、「どうせ返事はしてくれないから」と思って無言で介護をすると、そのおざなりな感情がなんとなく本人に伝わってしまうものです。

相談者はお母様と仲がよいようなのでこのような失敗はないかと思いますが、今後も意識してお母様を尊重する声かけを続けていただければと思います。

Q38

ゴミのようなものを集めて溜めこんでしまいます。

母は昔から登山が趣味で、非常に元気です。

体が丈夫なので、散歩に行ったまま迷子になるなど今までもいろいろな問題が起こりましたが、最近困っているのがゴミを部屋に溜めこむことです。散歩に行っては空き缶や草花、時には看板などを持ち帰ってきてしまいます。

異臭がするので捨てようとすると、怒り出して厄介です。

どうしたらゴミを溜めこまないようになるのか、コツを教えてください。

A

認知症になると、なぜこんなものを集めるのかと理解に苦しむような収集行動をする人がいます。お母様のように空き缶などのゴミを集める人もいますし、スリッパばかりを購入してしまう人や、石ばかり拾ってくる人など、その人によって集めるものはまちまちです。

捨てようとすると怒るということにお困りのようですが、**怒るということは、相談者にとってゴミに見えてもお母様にとっては大切なもの**なのだと思います。

現在のお年寄りは、戦中から戦後を生き抜いてきました。かつて物が不足していた時代に、節約や生活の知恵、それに努力と根性でここまで生きてきた、いわば人生の大先輩です。おそらく今は認知症がきっかけで判断力が低下し、かつての物を大切にする価値観に拍車がかかってしまった状態なのだと考えられます。

現代の価値観だと「持っていても無駄なもの」「捨てればよいと思うもの」であっても、お年寄りにとっては違った価値のあるものに見えているのでしょう。つい自分の感覚で「そんなものは捨てればいい」と思ってしまうかもしれませんが、**絶対に捨てないといけないものではない場合、頭ごなしに否定するのではなく、お年寄りの価値観を受け入れてあげましょう。**

たとえば空き缶であれば、お母様がいらっしゃらない時に一度すすいであげるとよいでしょう。それだけで異臭も防げますし、お母様も集めて満足されることと思います。

無理に片づけると……
これは私のだ
もう使わないし汚いから捨てますよ！
ほら出して
今日はゴミの日なんです
あっ
大切なものなのになんて理不尽な扱いなんだ！
まったくもう！
無駄なものばかりためこんで！
無理に片づけると不信感を招いてしまいます

しかし、本人が大切にしているからといって、放っておくことができないものがあることも事実です。それは食品など放っておくと腐ってしまうものや、不潔なもの、他人のものなどです。

このような時は**あえて捨てるとは宣言せずに、散歩に行っている間に少しずつ片づけるようにします。**なるべくカビや異臭の原因になるようなものから優先的に片づけるといいでしょう。

収集行動をする認知症の人の多くは「拾い集めること」が重要なので、拾い集めることを禁止すると不満に思います。ですから集めること自体には口を出さずに尊重する姿勢を見せておいて、少しずつ処分すれば、気づかれないことが多いようです。

こっそり片づけると……

これは私のだ
そう
大切なんですね
散歩に行ってくる
気をつけてね
家族はわかってくれているな
こっそり

○ わからないように少しずつ片づけると、トラブルになりません

Q39

私から離れなくて困っています。

姑が亡くなったのをきっかけに、軽い認知症のある舅を引き取りました。

新しい環境に馴染《なじ》めないからなのか、舅はいつも不安そうに私に付きまとってくるので、買い物もままならない状態です。トイレにまで付いてこようとしたこともあります。

常に付きまとわれて私のストレスも限界です。どうしたら私から離れてくれるようになりますか。

A

お舅さんは、これまで人生を支えてくれたお姑さんが亡くなり、さらに住んでいる環境も変わったことで、不安感が強く出ているのでしょう。**お姑さんという心のよりどころを亡くしてしまい、不安を少しでも減らすために、現在の主介護者である相談者に依存している状態だと考えられます。**

被介護者が常に不機嫌だったり、怒りやすかったり、介護者に対して攻撃的な場合は、介護が非常に困難になることは誰もがわかることです。しかし反対に被介護者に依存され、常に頼られて付きまとわれるようになると自分の時間も制限されるので、これはこれで非常に大きなストレスになります。

まず誤解されがちなのが、「甘やかすと余計に依存が強くなるから、もっとしっかりと自立心を持ってもらうために突き放すべきだ」と考えてしまうことです。

しかし、依存心が強い人を突き放すと、多くの場合はあまりよい結果になりません。**突き放されることでは、原因である不安感が解消できない**からです。むしろより依存心が強くなってしまったり、不安感が大きくなりすぎて心を閉ざしてしまい、新たな問題が現れたりします。

依存心を和らげるには不安感を解消することが大切で、不安感を解消するためには安心感を与えることがいちばんの近道です。まずは「常に誰かがあなたを気にかけているから、安心してください」というメッセージを送り、安心させてあげます。

具体的には、できる家事を一緒にやったり、離れる時はかならずひと声かけるようにして、戻っ

突き放すと……

あ、どこに行くんだい?
子どもじゃあるまいし
やめてくださいよ
不安感
そんなこと言われてもなあ……

✕ **不安がつのってしまい、いつまでも介護者への依存がなくなりません**

た時にもかならず声をかけるようにするといいでしょう。とにかく孤独にさせないようにします。

しかし、介護者が限界を迎えてしまうようでは本末転倒です。相談者の場合は、お舅さんの依存相手が相談者一人なのが問題、とも言えます。**主介護者以外にも、親戚やヘルパーさん、デイサービスなどで「代わりになる依存先」を確保することが必要です。**

慣れるまでは主介護者が付き添うなどして、代わりの介護者と過ごす時間を徐々に増やしていきましょう。「家にいても安心できるし、デイサービスに行っても信頼している職員がいるから安心できる」という状態にもっていくことがベストでしょう。

しっかり声かけすると……
あ、どこに行くんだい？
ちょっと2階で干し物をしてきます
5分くらいで戻りますからね
安心感
じゃ、もう少しテレビを見ていよう

○ 安心感が定着し、言動も落ち着いてきます

Q40

火を消し忘れるので目が離せません。

敷地内別居で一人暮らしをしている姑の様子がおかしくなってきました。

私は頻繁に顔を出して様子を見ているのですが、最近、火の消し忘れが多いのです。洗面所の水が出しっぱなしのこともありました。やはり認知症でしょうか。

同居に踏み切るべきか迷っていますが、それまでの期間で何か注意することはありますか。

A

火の消し忘れも、水の出しっぱなしも、お年寄りにはよく見られる失敗ですので、これだけでは認知症かどうかは判断できません。

たとえば火を消し忘れていたと気づいた時に「そうだった。お湯を沸かしていたんだった」と思うなら、普通の老化と言えるでしょう。しかし、「お湯なんか沸かしていないのに、どうして火がついているのかしら？」と思うなら、もしかしたら初期の認知症かもしれません。

電気の消し忘れや水の出しっぱなしの場合は、気づいた人が消したり止めたりしてあげればよい問題です。**認知症だと騒ぎ立てるのではなく、「水が出しっぱなしですよ」などとひと声かけて止めてあげましょう。**しかし、火の消し忘れは火事の原因になりますから軽視できない問題です。

「危ないから台所仕事を禁止した」という話もよく耳にします。お年寄りが元々料理が好きではないならばそれでも問題ありませんが、長年責任感を持って料理をしてきた人から突然その役割を取り上げてしまうのは問題です。**お年寄りから役割を取り上げると、人生の張り合いが失われ、認知症が一気に深まるきっかけになってしまうことがあります。**

このような場合は、お料理を一緒につくるといいでしょう。お姑さんには切る作業や味付けなどを中心にやってもらい、介護者が焼いたり煮たりなどの、火を使う作業を行います。また、ガスコンロをＩＨ式調理器に取り換えたり、火災報知器を設置するのも火事予防の観点から効果的です。

禁止すると……
タバコおくれ
タバコは禁止です
怒られるからこっそり吸わなきゃな
これでよし
隠れて吸うようになるとより危険になります

それ以外にも、ストーブをパネルヒーターに取り換えるのも火事の予防になります。相談者は敷地内別居とのことですので、空焚《からだ》き予防のために、お風呂は相談者のお宅に入りに来てもらうのもおすすめです。もしお姑さんが拒否されるようでしたら、面倒ですが、お風呂を使わない時間帯にはガスの元栓を閉めてあげると火事の危険性は低くなります。

また、**高齢者による火事の原因で多いのがタバコの火の不始末です。**タバコは依存性が強いので、禁止してもすぐに自分で買ってきてしまいます。もしも認知症のお年寄りが喫煙者の場合は、**禁止するのではなく、家族が管理しながら吸ってもらうようにするといいでしょう。**

対策すると……

タバコおくれ
はいどうぞ
はい火ですよ

○ タバコは家族の目の届く範囲で吸ってもらうようにしましょう

Q41

いつまでも同じ行動をくり返すので、見ていて異様です。

私の母は前頭側頭型認知症と診断されています。

おかしな言動をするなど気になることはいろいろとあるのですが、私がとにかく気になるのは一日に何度も何度も顔を洗うことです。目を離すと顔を洗っています。

「いい加減にやめなよ」などと止めれば一時的にやめますが、またすぐに顔を洗ってしまうのです。

どうしたら顔を洗うのをやめてくれますか。

A

前頭側頭型認知症の人で、同じ行動をくり返す人がいます。相談者のお母様の場合は顔を洗うという行動をくり返すようですね。そのほかにも、同じ字を書き続ける人や、手を叩き続ける人、必ず同じコースで散歩に行く人など、さまざまなパターンがあります。

お母様は顔を何度も洗うということですが、これは珍しいパターンです。しかし、**前頭側頭型認知症の特徴である「常同行動」といって、同じ行動をくり返してしまう症状の一つ**と考えられます。

「どうしたら顔を洗うのを止められるか」というご質問でしたが、これは非常に難しい問題です。

お母様の場合は「顔を洗う」というくり返し行為であって、人に迷惑をかける内容ではありませんし、そもそも**前頭側頭型認知症の常同行動とは、止めようと思って止められる種類のものではありません。**

無理に止めようとすると混乱を招いたり、衝動的な暴力に発展しがちです。ですからこの場合は、無理に止めようとはしないで「見守る」ということをおすすめします。一般的には問題だと思われる行動であっても、**介護者がその行動に慣れて「この人はこういうものだ」と受け入れることができれば、それも一つの「解決」です。**しかも介護者の人間観が広がり、人間的に成長させてくれる誇るべき解決方法だと言えると思います。

ただし難しい問題となるのは、人に迷惑をかけたり、衛生的に問題があるような常同行動です。この場合はそのまま受け入れるわけにはいきませんから、何か対策を考えないといけません。

無理に止めると……

バシャー
バシャー
またやってる!
いつまで洗ってるんですか!
なんで顔を洗っちゃいけないのかしら!?
ガーーン

止められる意味がわからないので、ショックを受けたり、怒り出してしまうことも

決して簡単ではありませんが、問題となる常同行動が出ないように、何かしらの作業に没頭してもらうことが有効です。たとえばパズルとか、絵を描くとか、習字とか、ゲームなど、本人が気に入るものを探します。相性が合うものが見つかれば、その作業をしている間は問題となる行動が抑えられるうえに、現在残っている能力の維持にもつながるので、非常に有益です。

また、**「毎日決まった時間に決まったデイサービスに通うこと」といった問題のない行動をくり返して、新たな別の常同行動を刷りこむ方法もあります。**くり返す内容を、活動的で迷惑のかからない内容に替えることができれば、介護者は非常に楽になるでしょう。

受け入れてあげると……

バシャー
バシャ
きれいになりましたか？
どうぞ新しいタオルです
あらありがとう

○ 迷惑行為でなければ本人のペースに合わせてあげましょう

Q42

用事がないのにすぐに呼ぶので、家事や仕事が進みません。

脳梗塞になって以来ほとんど全介助の夫は、病気が影響したのか認知症のような状態です。

私は家事の合間に在宅で簡単な仕事をしながら介護をしているのですが、夫が用事もないのにすぐに呼び付けるので困っています。私も暇ではありませんので、すぐに行けないことがあるのですが、本当にしつこく呼び続けるのです。

どう対応したら、もう少し精神的に自立してくれますか。

A

在宅でお仕事をしながら介護もされているということで、相談者は非常に大変なことと思います。家事だけでなくお仕事をしているタイミングもあるわけですから、頻繁に呼び付けられると手が離せない時もあることでしょう。

すぐに呼ぶ人というのは、「あれを取ってほしい」など、毎回それなりの理由を付けてきます。しかし、その理由自体は大した用事ではないことが多いので、あまりに頻繁になると、ついつい後回しにしてしまいがちです。

ところがこういう人は、後回しにしているといつまでも呼び続けます。根本の問題が解決されていないからです。**頻繁に介護者を呼び付ける心理の根底には、寂しさや不安感が潜んでいます。**

常に孤独を感じていたり、自分の身に何かあった時に助けてくれるか、などの漠然とした不安感があって、それを試すために介護者を呼んでいるのです。つまり、根本原因である寂しさを解決しない限りは、ずっと呼ばれ続ける生活になってしまいます。では、寂しさを解決するためにはどうしたらよいのでしょうか。

まずは**「呼ばれる前に行く」ということが大切です。**介護者の手が空いたタイミングで、「大丈夫？　何か問題はない？」などの声かけを積極的に行いましょう。

また、家事をしている時にはリビングに来てもらうなどして、なるべく同じ空間にいてお互いを

後回しにすると……

不安や孤独感が解消されず、いつまでも依存されてしまいます

確認し合うことも有効です。**隔離された状況を減らしたうえで、ひざに手を置きながら語りかけるなどのスキンシップを増やすと、多くの場合は呼ぶ頻度が少なくなっていきます。**

このようなケアをしていけば呼ばれる回数は減るかもしれませんが、介護者は別の意味で負担が増えることも事実です。介護者の息がつまってしまったり、疲れすぎてしまうと、そもそもの在宅介護が立ち行かなくなってしまいます。

介護者に対する依存が大きい場合は、できる限りデイサービスやショートステイなどを活用して、介護者が介護から解放される時間を持つことも大切です。

呼ばれなくても顔を出す

おじいちゃん大丈夫かしら……
おー……
調子はどう？
満足
困った時はきっと来てくれる！

○ 頻繁に様子をうかがったり顔を出していると、いつしか安心してあまり呼ばれなくなります

Q43

意欲を失って、何もしようとしません。

私の妻は8年前から認知症で、私は老老介護でここまでやってきました。

妻はボーッとして静かなので、介護自体はそんなに大変ではないのですが、最近はすっかり意欲を失って何もしたくないようです。ごはんもほとんど食べず、体も動かしません。

話しかけても反応がなく、このまま衰弱する一方なのではと非常に心配です。

A

奥様が意欲を失ってしまわれているということで、心配ですね。奥様はもともと物静かな性格のようですし、認知症がきっかけでより一層自分の殻に閉じこもってしまっているように思えます。特に、ごはんをほとんど食べなくなってきたことが心配です。このままでは命の危険もありますから、なんとかして生きる意欲を取り戻してもらいましょう。

まず大切なことは「私は今、生きているんだ」と感じてもらうことです。**生を実感してもらうには、五感に訴えかけるようなアプローチを心がけましょう。**

五感へのアプローチでもっとも身近なのが聴覚です。反応がないと「どうせわからないだろう」と思って、ついつい介護をするほうも無口になってしまいます。しかし、こういうお年寄りこそ、**言葉による聴覚への刺激を与えることが大切です。介護をする時は常に心をこめて話しかけるようにしましょう。**

なんだ
起きていたのか
朝ごはんだぞ

また、視覚や嗅覚《きゅうかく》に訴えるには散歩がおすすめです。意欲が低下している人は閉じこもりがちになってしまうので、**車イスなどで積極的に散歩に出かけましょう。**花が咲いていたり、木々の色づいているのを見ることや、風が運ぶ自然のにおいに触れることは、生を実感するのに非常に有効です。気候がよければ、庭やベランダで一緒に野菜やお花を栽培するのもいい刺激になります。

さらに五感の中では触覚も重要なので、**スキンシップは非常に効果的です。**配偶者である相談者は、ぜひ積極的にスキンシップを図るようにしてください。具体的なスキンシップの方法としては、手をにぎりしめてあげたり、肩に手をまわしながら語りかけるなどして、声かけの中で積極的

諦めてしまうと……
いつまでゴロゴロしているんですか
どうせ言っても聞いてないし
……
……
聞いていないようでも負の感情は相手にしっかり伝わります

に触れ合うようにするとよいでしょう。

味覚に関しては、食欲が低下している間は栄養バランスは置いておいて、なるべく好物を中心にしてあげましょう。

また、デイサービスなどで行うレクリエーションも有効です。訓練のリハビリではなく、**楽しい遊びの中で心身の機能の改善を目指す「遊びリテーション」もあります。**意欲の低下したお年寄りが、代表的な遊びリテーションの一つ「風船バレー」をしたら思わず手を上げて風船を打った、というのはよくある話です。一度デイサービスなどでお願いしてみましょう。

伝わることはたくさんある

おはようございます
散歩でもしましょうよ
ほら！
桜が咲きましたよ

五感が喜ぶような刺激をたくさん与えてあげましょう

●「遊びリテーション」とは、「遊び」と「リハビリテーション」を組み合わせた造語で、訓練意欲のない人も夢中になることがあります

三好 春樹（みよし　はるき）
1950年生まれ。生活とリハビリ研究所代表。1974年から特別養護老人ホームに生活指導員として勤務後、九州リハビリテーション大学校卒業。ふたたび特別養護老人ホームで理学療法士（PT）としてリハビリテーションの現場に復帰する。年間150回を超える講演と実技指導で絶大な支持を得ている。
著書に、『認知症介護 現場からの見方と関わり学』『関係障害論』（以上、雲母書房）、『老人介護 じいさん・ばあさんの愛しかた』（新潮文庫）、『完全図解 新しい認知症ケア 介護編』『完全図解 新しい介護 全面改訂版』『完全図解 介護のしくみ 改訂新版』『介護タブー集』『認知症介護が楽になる本　介護職と家族が見つけた関わり方のコツ』『最強の老人介護』（以上、講談社）など多数。

東田 勉（ひがしだ　つとむ）
1952年生まれ。コピーライターとして制作会社数社に勤務後、フリーライターとなる。2005年から2007年まで、介護雑誌の編集を担当。医療、福祉、介護分野の取材や執筆多数。著書に『完全図解 介護のしくみ 改訂新版』（三好春樹氏との共著）『それゆけ！　おやじヘルパーズ』（以上、講談社）がある。

在宅《ざいたく》介護《かいご》応援《おうえん》ブック　認知症《にんちしょう》ケアQ＆A　介護ライブラリー

発行日 ―― 2014年10月15日　第1刷発行

著　　者 ―――― 三好春樹《みよしはるき》
編集協力 ―――― 東田《ひがしだ》　勉《つとむ》
装　　幀 ―――― 大野リサ
本文・カバーイラスト ― 秋田綾子

発行者 ―― 鈴木　哲
発行所 ―― 株式会社講談社
〒112-8001　東京都文京区音羽2-12-21
電話　出版部　03-5395-3560
販売部　03-5395-3622
業務部　03-5395-3615
印刷所 ―― 凸版印刷株式会社
製本所 ―― 株式会社若林製本工場

ISBN978-4-06-282465-1　N.D.C.493.7 191p 19cm